お金持ちがやっている！

超！金運習慣

イヴルルド遙華

日本文芸社

はじめに

こんにちは！『お金持ちがやっている！超！金運習慣』を手にしていただき、ありがとうございます。たくさんの方に、お金について考えてもらえればと思って、この本をつくりました。

みなさんは、今あるお金、収入に満足していますか？

私自身、お金ですごく悩んだこともありましたが、今ではお金によってたくさんの夢を実現することもできました。お金に苦しむのは、珍しいことではありません。私の知り合いには「莫大な医療費がかかるから、もう治療しなくていい」と、生きることを諦めざるをえなかった人もいます。

年を重ねて、誰かのお世話になるときもお金は必要です。治療費、入院費はもちろん、介護士さんのお世話になるにも、近所の人に手助けをお願いをするにも、お金はかかります。お金は、生きることと密接な関係にあるのです。

これから、日本は「孤独死大国」になると言われています。高齢で一人暮らしをされている人も多くいますし、最近では40～50代の孤独死も増えてきているそうです。孤独死は他人事ではないのです。

備えあれば憂いなし。お金がありすぎて困るということはありません。お金があれば困っている人を助けたり、支援することだってできます。

逆に、お金がないと、自分のことで手一杯になってしまい、日々の支払いに追われ、生きることだけで精一杯になってしまいます。

「重要なことは、明日何をするかではなく、今日、何をしたかである」

これは、「マネジメントの父」や「経営学の巨匠」と称されたピーター・ドラッカーの名言です。

貧乏体質の人は、お金に困ったときに、本当に口を揃えて、「宝くじでも当たればいいんですけどね」、「ギャンブルで当たれば一発逆転できるんですけど」と、「たられば」の話をする人が多いのです…。

でも、成功者はそんな話をしませんし、「宝くじが当たって大金が入ってきたら怖い」なんて言うほど、地に足が着いた考えを持っています。貧乏な人とお金持ちでは、発する言葉やお金に対する意識にとても大きな違いがあるのです。

私は、たくさんのお金持ちの方々と関わってきました。お金持ちを間近で見ることで、**「お金持ち体質の人」はお金持ちになる行動パターンがあり、「貧乏体質の人」は貧乏になる行動パターンがある**ことがわかり、「マインド・意識・習慣」が、金運をつくるということを知りました。

自分は「お金持ち体質」なのか、はたまた「貧乏体質」なのかは、客観的に見なければ、気がつくことができません。負の連鎖に陥ると、抜け出すのはとても大変。だからこそ、日々の生活で意識することが大切なのです。

お金がなくて「やりたい！」と思ったことを我慢したり、諦めたりするのは悲しいことです。出会いが減り、学びもチャンスも減り、結果お金に愛される人にはなれません。

お金がないからとミニマムな生活をしていると、その世界の中だけで生きることになります。だからこそ、お金に愛される生活習慣を身につけて、新しい世界に飛び込みましょう。

フォーチュンアドバイザー　イヴルルド遙華

1章 今すぐマネしたい！お金持ち習慣

2章

お金を引き寄せる！ 開運財布

3章

お金持ちの輪に入る！ 人付き合い

4章 幸運体質をつくる！ 開運フード

5章

動けば巡る！ 金運アップ散歩

6章

やってはいけない…！ 貧乏習慣

インカメラ

1章

今すぐマネしたい！お金持ち習慣

お金持ちが共通してやっている
日々の習慣には、
金運アップのヒントがたくさん。
マネするだけで、
お金持ち習慣が身につきます！

1
お金持ち習慣

はいている下着が運勢を握る！

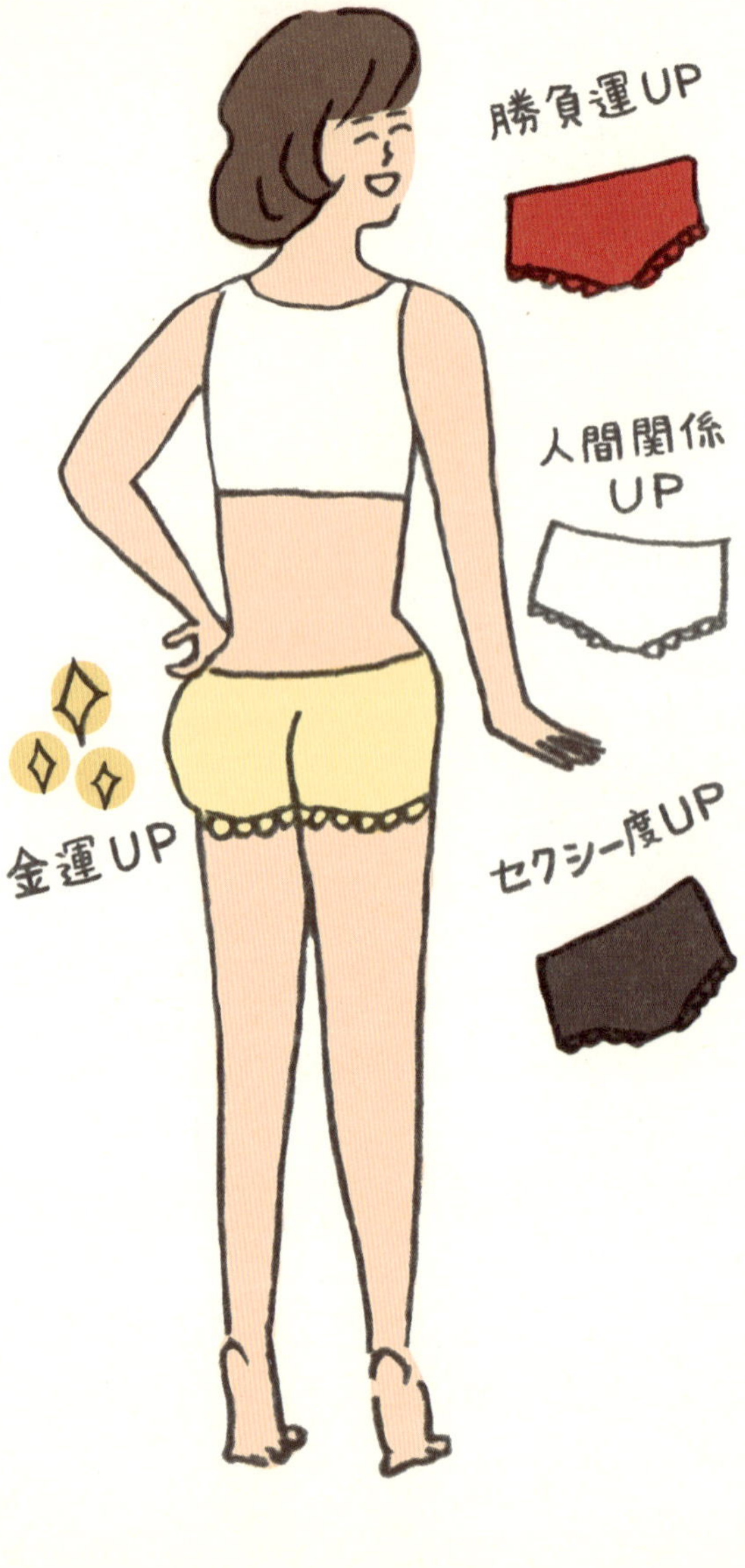

成功している芸能人や有名人のゲン担ぎでよく挙げられているのが、下着。千原ジュニアさんや花田虎上《まさる》さんは、赤い下着しかはかないと宣言しているほどで、永遠のセクシーアイコンのマリリン・モンローも赤い下着の愛用者だったとか。他にも「勝負ごとに勝ったときの下着をはく」、「大事な会議には新しい下着を身につける」、「年初めに下着をすべて入れ替える」など、下着のゲン担ぎをしている人は多くいます。

下着は一番肌に触れるもの。風水でも基本中の基本となるアイテムです。清潔で、はいていて気持ちが上がるものを身につけることで、内なるパワーを発揮することができます。赤い下着は、エネルギッシュで、バイタリティーに溢れ、勝負強くなりたい人に、黄色は幸運体質で、お金を引き寄せたい人に、白は浄化の色なので、大変な人間関係に悩んでいる、仕事のしがらみで窮屈だという人にオススメです。黒い下着はセクシーですが、持っている下着がすべて黒色だと秘密主義、既婚者との恋、めんどくさい恋愛などの問題を一人で抱え込みやすくなってしまうので、いろいろなカラーの下着を気分によって変えるのがオススメです。

2

お金持ち習慣

遠慮しがちな人ほど王様の位置をキープ！

真ん中には王様のパワーが宿っています。貴族・王族の写真や絵を見ても、王様は、真ん中で堂々と座っていますよね。でも、なかなか真ん中を陣取ることができないタイプの人もいるでしょう。「どうぞ」と真ん中を譲ったり、なかには、写真を撮る際、シャッターを押す係になって写真に参加できず、お人好しさんで終わってしまったり。それでは運のパワーもダウン。私自身、かつては遠慮してすぐ端っこに行ってしまったり、写真に写らないぐらい後ろの隅っこに身を潜めてしまう癖がありました。そこで、まずは意識的に真ん中を選ぶところからスタート。真ん中の自動販売機、券売機、トイレ、待合室の席など、とにかく真ん中を意識し、食事の際は真ん中の席につき、写真撮影ではさっと真ん中に移動するようにしました。すると気づかされます。やっぱり真ん中は、端っこに身を潜めているのとは、違う世界なのだと。

逆に、いつも真ん中に陣取っている人は、裸の王様にならないために意識して端っこに移動し、みんなをもてなし、サービスするほうに回ってください。金運の神様に愛されるには、謙虚な気持ちと堂々とした立ち振る舞いの両方が大事です。

3
お金持ち習慣

ネガティブな言葉は悪いことを引き寄せる！

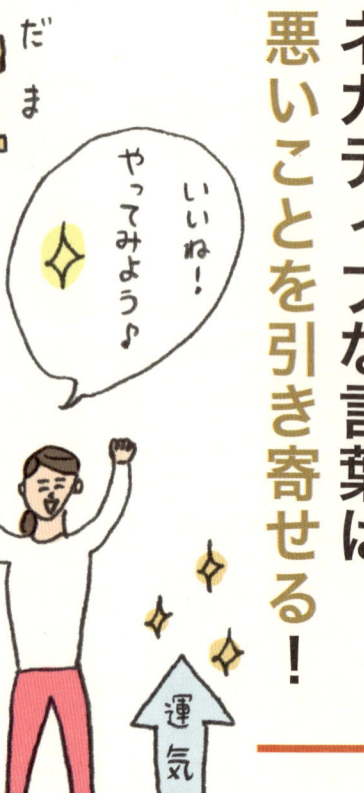

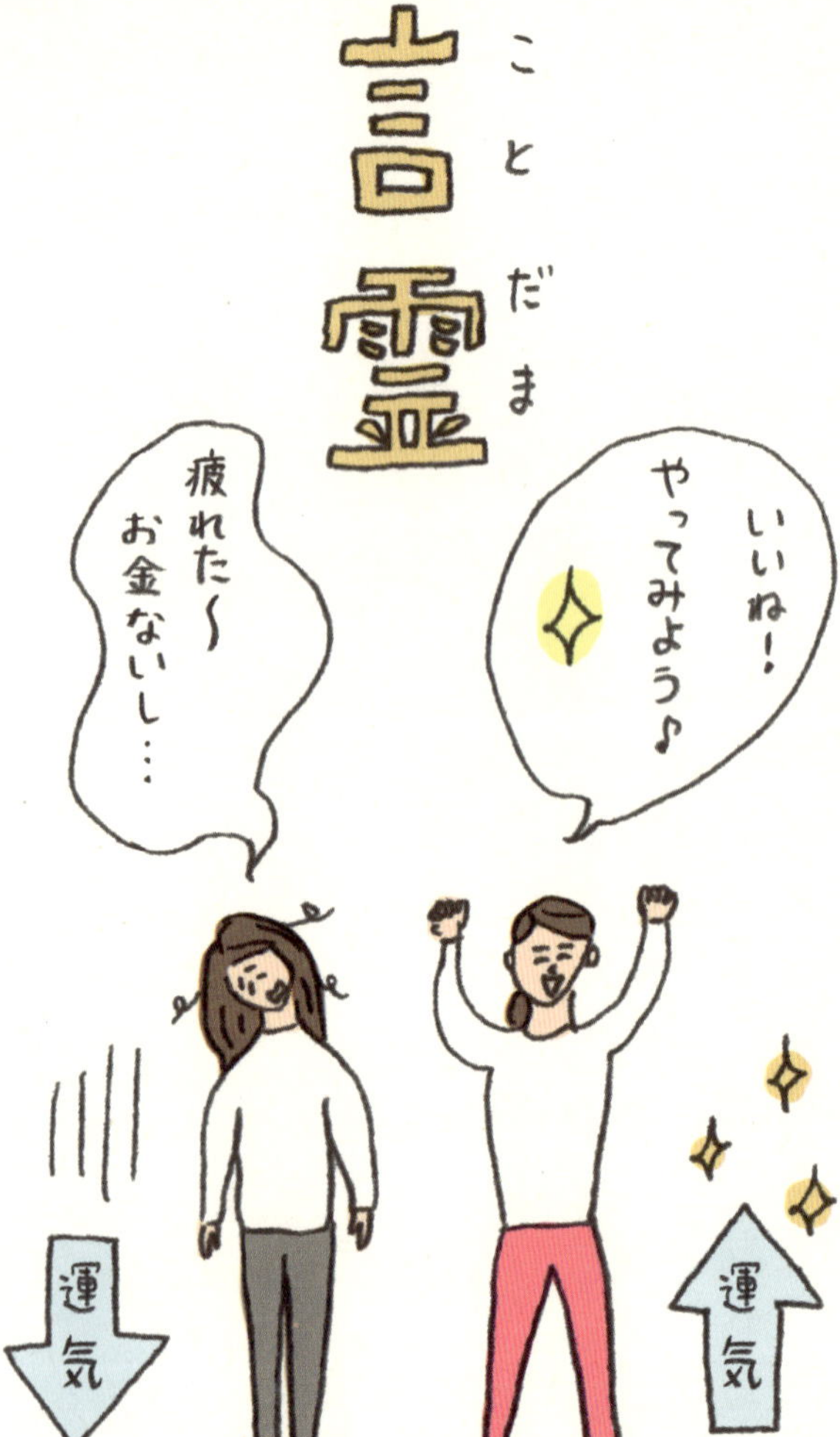

「言霊」という言葉があるように、昔から「言葉には魂が宿る」と言われ、大事にされてきました。無意識に「疲れた〜！」と言っていると「憑《つ》かれた」という意味になって、よくないことが起こってしまったり、「お金がない！」と口に出していると、そのとおりの運勢を引き寄せてしまったりします。カラオケで暗い曲ばかり歌う人も、運勢が停滞気味で、こじらせてしまいがちです。

将来への不安や責任など、大変なことがあるときほど、口にする言葉やマインドはハッピーなほうがいいんです！「気は持ちよう」という言葉もありますよね。言葉が暗くなると、明るい気持ちにはなれません。前向きに「いろいろやってみよう！」となったときに、「無理よ！　できるわけない」、「もっとちゃんとしたら？」なんて否定的なことばかりを言う人とは、距離を取ったほうがいいかも。もちろん、本当に心配して声をかけてくれる人もいるでしょう。でも、妬みや嫉妬からくる、足を引っ張るような否定的な言葉は、心配とは違う邪悪な気持ちが入っています。運気を上げるためにも、日々の言葉に気をつけてみましょう。

4
お金持ち習慣

数字のパワーで「金運招来」のゲン担ぎ

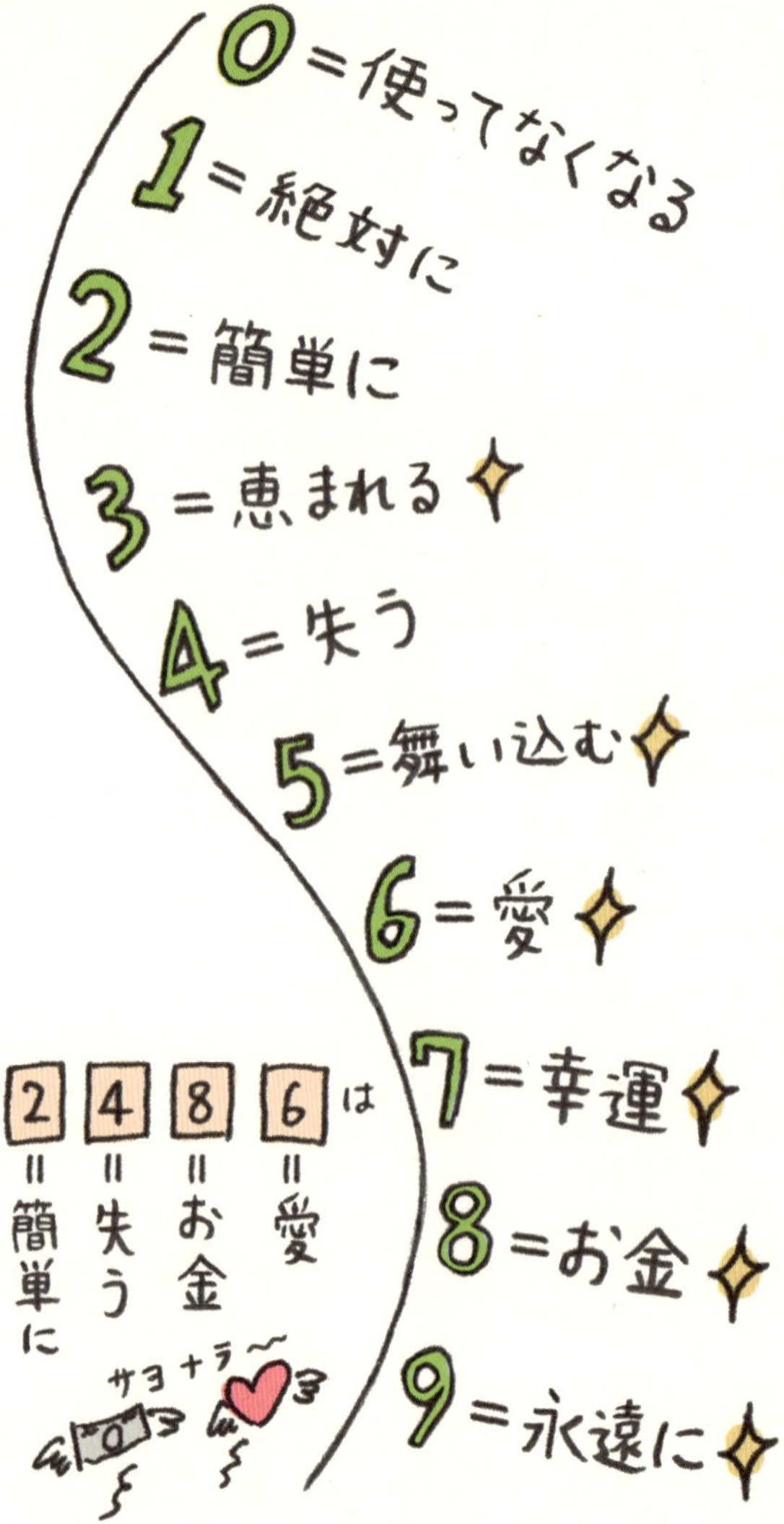

ある日、原稿を書いていると突然お告げがやってきました。

「数字には強い意味がある。だからこそ、日頃使っている暗証番号や電話番号などの数字の意味を見れば、運勢がわかる」と。実際に、その数字をお告げで教えてもらった意味に照らし合わせてみると、びっくりするほど合っていました。私が占っているお金持ちやセレブは、電話番号や車のナンバープレートが最高！　逆に、なかなか幸せになれない人や、トラブルが舞い込みやすい人は番号が悪かったのです。

日本でも「１１２２」（いい夫婦）など、数字の語呂合わせはたくさんありますが、特に中国やベトナムなどのアジア圏では数字にはすごくこだわるようで、香港や上海のお金持ちの間では、いい数字の携帯電話の番号や車のナンバープレートが高値で取引されているそうです。ちなみにベトナムのビール「３３３（バーバーバー）」は、３＋３＋３＝９となり、幸運のビールとして親しまれています。右ページのイラストで数字の意味を紹介しました。あなたの日頃使っている暗証番号、携帯番号のメッセージは？　よくない意味だったなら、ぜひ、いい番号にチェンジしてみましょう！

5
お金持ち習慣

便利なアプリで無駄な時間を大幅カット!

「タイムイズマネー」「時は金なり」とはよく言ったものです。私の周りのお金持ちや成功者は、時間を有効に使う人が多く、ダラダラと携帯ゲームで時間を潰したり、SNSばかりを見ている人はいません。本を読んだり、コンサートに行ったり、旅をしたり、見聞を広める行動をよくされます。その生活スタイルを見ていると、食べたいものは、サクッと配達で運んでもらう、どこかに動きたいときはタクシーを使い、Uberなどのアプリで時間を計算してフットワーク軽く動く人が多いのです。しかも、お金持ちには几帳面な人も多く、旅先でのレート計算はアプリなどを活用して、常にお得かそうじゃないかを明確にします。お金を雑に使うのではなく、大事に使うのです。だからこそ、お金の神様に愛されるのでしょう。

毎月の支出を、なんとなくしか把握していない人は、家計簿アプリでお金の使い道を把握することから始めませんか？　インターネット通販で購入する際も、ポイント還元や、どのクレジットカードを使うとお得かを調べておきましょう。ポイントやマイルがたまれば、新たな買い物、旅行につながるので、一石二鳥です。

6
お金持ち習慣

フォーチュンボードで欲しいものを具体的にイメージ

成功者はやりたいこと、好きなこと、欲しいものが明確です。それは資産家の二世、三世でも同じ。「お坊ちゃまやお嬢様は、恵まれた環境の中で過ごすから、夢なんてないのでは？」と思われるかもしれませんが、そのようなタイプはごく稀で、欲しいものを口に出して表現し、手に入れようと動く人が多いようです。でも、一般人は「何が欲しいのかわからない」、「欲しいものはあるけれど、どうすればいいかわからない」、「なんとなく宝くじを買う」など、漠然としている人がほとんどです。成功者は「船が欲しい」、「飛行機が欲しい」というザックリとした思いではなく、色や形、どこでつくられているものか、機種はこれ！と、具体的にイメージしています。

私は貧乏時代、欲しかったブランドやアクセサリー、洋服など、雑誌を切り抜いて貼る「フォーチュンボード」を作っていました。欲しいものを具体的にイメージすることはとても大切！　これを続けるうちに、不思議なことに1つ1つと手に入れることができ、25歳のときには欲しかったマンションまで購入できました。あなたも欲しいものを具体的にして、自分の元に引き寄せましょう。

7
お金持ち習慣

金曜日はお金パワーがアップ。華やかにお金を使おう！

曜日にはそれぞれ守護星があることをご存知ですか？　月曜日の守護星は「月」、火曜日は「火星」、水曜日は「水星」、木曜日は「木星」、金曜日は「金星」、土曜日は「土星」、日曜日は「太陽」です。守護星にはそれぞれパワーがあり、金曜日の守護星である「金星」にはお金、愛のパワーがあります。つまり、花の金曜日「花金」は、華やかにお金を使って回すべき日。お金の神様に愛される〝華金〟にすることで、守護神のパワーを得られる日なのです。

お金持ちやセレブも金曜日は、家族や友だち、会社のメンバーで食事をしたり、遊びに出かけるなどして楽しんでいます。お金持ちと貧乏さんの違いはメリハリでしょう。お金持ちは、まだ飲み足りないというときでもスマートに振る舞います。店員さんに迷惑をかけないように切り上げて、次のお店に行く。もしくは、自宅に場所を移して、ゲストをサラリと居心地よくおもてなし。閉店間際までダラダラと飲み続けて、店員さんを困らせるなんてことは、けしてありません。本当にお金の神様に愛されているお金持ちは、人からも好かれるいい人が多いのです。

8
お金持ち習慣

お金持ちは年齢関係なくチャレンジャー！

貧乏さんは、何かやりたいと思っても、疲れきっていたり、お金がないからと諦めてしまいがち。なかなか行動に移せないことが多いようです。

一方、お金持ちは好奇心旺盛！　興味があれば年齢や立場に関係なく交流を持ちます。面白いと感じたり、好奇心がくすぐられたらダイレクトメールも活用。実際に、ビヨンセやマドンナは、YouTubeをチェックしてダンサーに声をかけています。NYを拠点に大活躍中の渡辺直美さんもインスタグラムのダイレクトメールから某有名アパレルの仕事のオファーがきたそう。どこにチャンスがあるかわからないからこそ、好きなことや特技、個性を発信することが世界を広げるきっかけになるのです。

私の知り合いの社長さんも50代からマラソンを始めたり、大学院に通ったり、趣味が高じて新しい会社を創設するなど、ストーリー展開が早く、お会いするたびに驚かされます。しかも、好きなことがお金になるから、楽しくお金を稼ぐことができます。ハッピーの連鎖でお金がやってくるのです。いろいろな体験をすることで、刺激をもらい、アイデアが浮かび、チャレンジするための次の扉が開かれるのです。

9
お金持ち習慣

整理整頓上手になって もの探しの時間をカット

お金持ちは無駄が嫌いです。それは、ものを選んだり探したりする時間に対しても言えることです。たとえば、スティーブ・ジョブズは同じスタイルを何年も貫いていました。アインシュタインやオバマ前大統領、FacebookのCEOであるマーク・ザッカーバーグも、ほぼ同じような服装で過ごしています。みんな口を揃えて「無駄な決断を減らすために決まったものを着る」と答えています。仕事で考えることがたくさんあるのに、洋服選びに時間を費やしたくないのです。

また、お金持ちの家はすごく整理整頓されていて、必要なものがパッと取り出せるように片付けられています。しかし、貧乏さんは整理下手。ものが迷子になりがちで、「使っていない調味料がいっぱいある」、「ハサミが何本もある…」ということになりがちです。使いやすさを考えてものの置き場所を決め、効率よくものと付き合えるようにしましょう。居心地のいい家を目指してソファーやカーペット、玄関マットなどにこだわるのもいいでしょう。「安いからじゃなく、好きだから」を合言葉に、お部屋のものにも愛着を持つことで、お金が集まってくるお家になるでしょう。

10
お金持ち習慣

細部にまで運は宿る！見えないところもキレイに

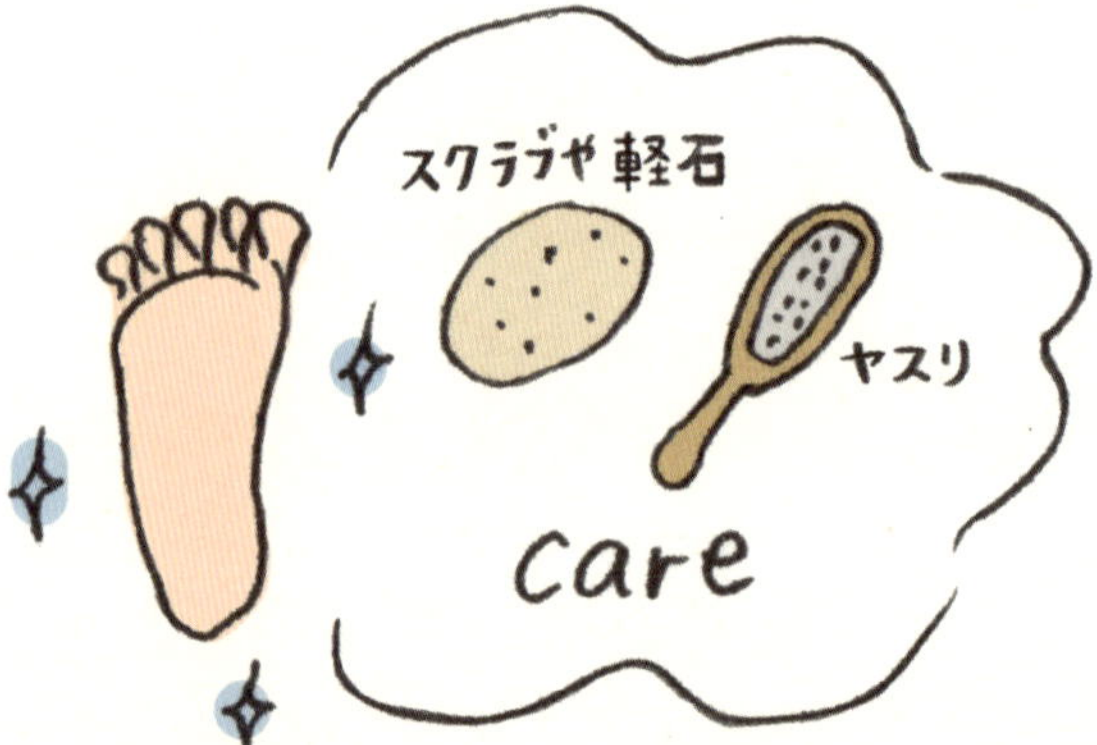

大御所芸能人やスポーツ選手、全身エルメスなどのハイブランドや、すごい宝石を身につけている人など、多くのお金持ちを見てきました。そんなみなさんに共通していたのが、爪や手元がキレイ！　ということです。男性でも、爪が伸びて汚れている…なんて人はいませんでした。

なんといっても手元はチャンスを掴む大事なパーツ！　ボロボロだなんていただけません。足の裏も大地からのエネルギーが入ってくる場所なので、カサカサ、ガサガサ、まして水虫だなんてありえません！　汚い池にキレイな水を入れても濁って汚くなるように、汚い場所にいい運が舞い込んでも、濁って運気が低下するだけ。「人から見えにくいから汚れていてもいい」ということはありません。

運をうまく取り込むために、見逃しがちな手元や足の裏のケアを習慣化しましょう。特にサンダルを履く夏は、足の古い角質が硬くなって肌が粉を吹いてしまいやすいので、1～2週間に1回、スクラブや軽石、ヤスリなどで角質ケアを。立ち仕事が多い人も角質がたまりやすいので年中こまめに足の裏を触って、確認をしましょう。

11

お金持ち習慣

いいと聞いたらすぐにトライ！

お金持ちは、「これ！いいよ！」と聞いたものは、すぐに試そうとする人が多いようです。「この本よかったよ」と聞けば、インターネットを開いてポチッとオーダーし、「この映画いいよ」と耳にすれば、休日に映画館へ行き、「あそこは素敵な旅館だったよ」と聞けば、旅の予定を計画したり…。でも、貧乏さんは「いつか買おうかな」と思っているだけで忘れてしまいがち。

また、お金持ちほどポジティブな言葉を使い、貧乏さんほど否定的な言葉を使います。「いい！」って言われているのに、「それってあーじゃない？　こーじゃない？」と言ってみたり、レビューや予告だけを見て、読んだ気、観た気になってあれこれ語りたがるのも特徴です。それに、お金持ちはいいと思ったものをおすそ分けしてくれる人が多いと感じます。「これよかったから使ってみて！」、「おいしいから食べてみて！」という感じで、お気に入りのものやオススメのものを太っ腹に分けてくれます。お金の神様に愛されるには、独り占め、「自分だけよければマインド」ではダメなのです。

12

お金持ち習慣

"NO BUY DAY!"で食べ物の無駄をなくそう

食べようと思っていたのに賞味期限が切れてしまったもの、冷蔵庫やパントリーで眠っていませんか？　買うことで満足して、食べないまま捨てることになってしまった…。これではお金を捨てたも同然です。心当たりがあるなら、思い切って余計なお金を使わない日（曜日）を決めて、冷蔵庫、パントリーにある食材だけを使う日にするのもいいと思います。あるものだけで料理をつくることで新レシピにチャレンジでき、定期的に賞味期限チェックをすることで、無駄がグッと減るはずです。食材がたくさんあるときは、お財布を使わない日をさらに増やしてみるといいでしょう。

お金持ちには、お金や食べ物を大事にする人が多くいます。すごく仕事が忙しくても、食事だけは健康のために自炊します。大根の茎や皮を漬け物にしたり、出汁がらのいりこや昆布などをミキサーにかけてふりかけにしたりと、無駄なく使いきる人も。レストランで食べきれなかったものを持ち帰って、翌日の朝ごはんにするという人も珍しくありません。食べることは生きること。だからこそ、食べ物を無駄にしていないか、きちんと向き合ってみるといいでしょう。

13

お金持ち習慣

“MYゲン担ぎ”で勝利へのマインドコントロール

成功者は、必ずと言っていいほどゲン担ぎをしています。調べれば調べるほど、たーくさん。たとえば、戦国武将の武田信玄は、出陣前に必ず打ちあわび、勝栗、昆布を食べていたそう。またアメリカの歌姫アリアナ・グランデは、大きなオーデション前に、必ずチョコレートドーナッツを食べていたそうです。何百年も前の時代から今の若い世代まで、勝負飯のネタはたくさんあります。他にも、飛行機に乗るときは、右足から機内に乗り込む、お守りのペンを持ち歩いている、イエローのストールを巻くなど、人によって本当にさまざまなゲン担ぎがあるようです。「これで大丈夫！」という安心感やいいイメージが勝利を導くのでしょう。

あなた自身も「このネクタイをつけると調子がいい」、「カツカレーを食べて挑めばどんな交渉もうまくいく」など、ゲン担ぎをしましょう。私自身、ちょっと弱気になったときは、親子丼かトンカツと決めています！　卵は、繁栄、発展の意味がありますし、黄色は幸福、金運アップの色、豚はトントン拍子という語呂合わせ。いい感じに物事が進むイメージを持ちながら、楽しく食事をするようにしています。

14

お金持ち習慣

携帯電話の待ち受け画面を強運の呼び水に

少し前に「黒柳徹子さんや美輪明宏さんを携帯電話の待ち受け画面にすると、いいことがある」と流行りましたよね。携帯電話は仕事、恋愛、友だち関係において欠かせないアイテム。携帯電話でビックチャンスを掴んだセレブもたくさんいます。SNSで一躍有名人になったり、LINEスタンプをつくって有名になったなど、携帯電話はただ連絡をするだけではなく、情報収集、発信、買い物、予約などができる、無限の可能性を持ったアイテムなのです。

そんな大事な携帯電話の待ち受け画面を、何もせずほったらかしにしているなんて、もったいない！　ビビビッとパワーを感じる待ち受け画面にしましょう。神社仏閣はお守りに、カップルの写真やハートなど恋愛をイメージさせるものは恋愛運アップに、ゴールドや光などは出世や収入アップに。でも、ずっと何年も同じ画像で、見慣れてしまい、鮮度が落ちたものはダメ。見るたびにワクワクする、気分が上がるものが効果が高いのです。私の場合、季節の変わり目のように運気が変わる気がするときや、次のステージに進みたいと思ったとき、変化が欲しいときに意識的に変えています。

赤ちゃんが
微笑んでくる

お金を
拾う

こんなことがあったら

金運アップ中のサイン

道を
聞かれる

誕生日でもないのに
プレゼントをもらう

馬や馬蹄モチーフ

天然石

お金を呼び寄せる

ラッキーアイテム

質のよい素材

化学繊維ではなく天然素材の布、オーガニック、良質食材など

エコバッグ

2章

お金を引き寄せる！
開運財布

「お財布はなんでもいいや〜」

と思うなかれ。

お金に好かれるお財布があるんです。

財布にまつわる金運アップ術、
実践しない手はありません！

1

開運財布

5円玉は「一粒万倍」。種銭にして金運アップ！

人からもらったお守りやおみくじを、大事にお財布に入れていませんか？　でも、お金ってけっこう汚れていますよね。それと一緒にお守りを財布に入れると、お守りまで汚れてしまい、ご利益も減退してしまう気がします。

そこでオススメしたいのが、5円玉をお守りにする方法です。5円玉に描かれている稲穂は「一粒万倍《いちりゅうまんばい》」と言われ、「一粒の籾《もみ》が万倍にも実る」という縁起物。お金がジャンジャン増えるイメージがわいてきます。特に生まれ年の刻印がある5円玉は最強のお守り！　5円玉の穴に紅白の紐を通して結んで財布にぶら下げれば、その5円玉が「種銭《たねせん》」、つまり「銭の種」となり、お金を増やしてくれるでしょう。

1万円札を、表面の両端の数字の0が繋がるようにして折りたたんでお守りにするのもいいアイデア。支払いのときに「ぎゃ〜！お金がない〜！」ってなること、ありますよね？　そんなとき、忍ばせておいた1万円札があなたを助けてくれるでしょう。「今の時代、カードがあればいいのでは？」と思われがちですが、お金はチャンスのもと！　チャンスを逃さないためにも、やっぱり現金が大事なんです。

2
開運財布

お財布は家。整理整頓、キレイをキープ！

お財布は家だと思ってください。お財布の乱れは運気の乱れ。お金にとっては居心地が悪く、すぐにどこかへ行ってしまいます。だからこそ、お金が気持ちよくやって来られるよう、整理整頓を心がけましょう。

以前、海外でお財布の中を調査をしたことがあります。すると、びっくりするほど汚い！　お札はヨレヨレ、握り潰して財布に詰め込んだだろっ！という状態の人がほとんど。オシャレなイメージがある街で、まさかのお財布を目の当たりにして驚きました。その国は移民問題、治安悪化、経済格差も激しいそう…。お財布には、そんな経済の不安定さが反映されているんだなと感じました。

お札は、顔が逆さにならないようキレイに揃えて入れましょう。レシートや割引券でパンパンというのは余裕がない証。不要なものはこまめに取り出して、ゴミ屋敷にならないように心がけてください。汚れたらアルコールや塩水で拭いて浄化し、２年使って傷んでしまったら買い換えを。大切で捨てられないものなら、キレイに浄化した後、箱などにしまって休ませてあげるとよいでしょう。

3
開運財布

柑橘系の香りをお財布に！ポジティブにお金を使おう

何度も言います。「お財布は家」。キレイに整理整頓するのはもちろん、いい香りがしたら、さらに心地よい空間になると思いませんか？　だから私は、お財布の中に香りのディフューザーをつくることをオススメします。きっと、お客様（＝お金。特に諭吉様！）も、気持ちがいい環境なら、また来たいと思ってくれるはずです。お金をていねいにもてなすイメージで、お財布にいい香りを忍ばせましょう。

特におすすめは柑橘系の香りです。柑橘は中国ではめでたい果実とされ、イタリアではあらゆるところにレモンがアイコンとして描かれています。日本では冬至の柚子や鏡餅の橙などが暦の行事や儀式に取り入れられていますよね。香りはもちろん、柑橘の黄色は金運を呼ぶ色です。好きな画用紙やステキな柄の紙に柑橘系のアロマオイルなどをつけて、お財布に入れておくだけでもＯＫ！　香水売り場で気に入った香りのサンプルをもらったら、それを財布に入れておくのもいいでしょう。開けたときに、ふわりといい香りがすれば、気持ちよくお金を使えますね。お金を使うときも「あ〜減っちゃう」なんてネガティブな気持ちも吹き飛びますよ。

4
開運財布

お財布に鈴をつけて お金の邪気祓いを

鈴は魔除《まよ》けのアイテムです。神社でも、お賽銭を入れるときに鈴を鳴らしますよね。これも、神様の前で魔除けをするという意味があるそうです。お金はたくさんの人のもとに行き、たくさんの人のいろいろな思いを受けてあなたのところにやって来ています。なかには「このお金、使いたくなかったな〜」、「貸したお金が返ってこない！私のお金を早く返せ〜！」、「お金を無駄使いしてしまった。あぁ、後悔。あのお金があれば」…こんな具合で、怨念がついていることも珍しくありません。そのままの状態でお財布にしまうと、ときにはよくない運気をため込んでしまうことも。

お金の邪気撃退には、お財布に鈴をつけましょう。お金にこもったネガティブなパワーを祓うことができます。「でも、ちょっとダサくない？」なんて思わないで！ゴールドの鈴なら金運アップのパワーも備えているし、落としたり、スリにあっても、鈴が鳴って教えてくれます。邪気祓い、金運アップ、防犯。一石三鳥でご利益いっぱい！かわいい鈴の音に癒されて、お金を使うことに積極的になれたり、お財布をていねいに扱うようになれば一石四鳥ですよね！

5
開運財布

品格は財布にも表れる！上質で、上品な色を選ぼう

たくさんのお金持ちの財布を見てきましたが、グレーがかったベージュ、いわゆる〝グレージュカラー〟の財布を使っている人が多いようです。お財布は手で触る回数が多いので、汚れが目立つ淡い色のものは避けがちですよね。でも、実はそこが大事なポイント！　上品で淡い色合いのものは、ちょっと意識を高めないとキレイを維持できません。上質で上品なものを手にすれば、扱いは自然とていねいになりますよね。淡い色合いなら汚れもすぐに気づけるので、こまめにお手入れをするようになります。もし、雑に扱っていたら「この人、ズボラだな」と、すぐにバレてしまいます。財布は品格を表すもの。家を見ればその人の本質が見えるように、お財布にも状態、人柄、環境が表れます。そのことを意識して、お財布を選び、扱いましょう。

形は今流行の長方形のもの、通称〝L財布〟を。LはLove（愛）、Luck（幸運）など、いいメッセージ。きっといい運気に導いてくれるはず！　チャックがC字型についた丸い小銭入れもオススメ。CはChance（チャンス）、Challenge（チャレンジ）につながるので、前向きにお金を使えるでしょう。

6
開運財布

お財布のプレゼントは成功者からもらうのが吉！

私の周りでは、自分より収入が高い人からお財布をプレゼントしてもらったり、成功している人から使っているお財布を譲ってもらうというのは、よくある光景です。お金が寄ってくる人には、いい運気が宿っています。「成功者の運を分けてもらおう」という前向きなイメージで、誕生日や何かの御祝いに、おねだりしてみるのもいいアイデアですね！

こうして「運を分けてもらう」というイメージは、お財布に限ったことではありません。たとえば、運がいい人は、運がいい赤ちゃんの名前を考えています。逆に、運が悪い人が考えてくる名前は、何度考え直しても悪すぎる！ということが珍しくないんです。ウッチャンナンチャンが、かつての海砂利水魚に「『くりいむしちゅー』って名前にすれば？」と、アドバイスして、ドカンと売れたのもそういうこと。成功者、お金持ちが選ぶものは、ポジティブでいい運を持っているのです。その運を妬んだり羨んだりすることなく、ストレートにあやかっていきましょう！　前向きで素直な気持ちこそが、あなたをいい方向に導いてくれるでしょう。

7

開運財布

中古のお財布は要注意！
浄化してから使いましょう

憧れのブランドのお財布を、中古でもいいから買いたい、そんな気持ちもありますよね。でも、中古のお財布を買うときは、ちょっと注意が必要です。だってその財布、どんな人が使っていたのか、どんな状態で手放したのか、わからないですよね。もし、お金がなくて不幸のどん底で「ごはんを食べるために財布を売るしかない…、ううっ悔しい！」という状況で手放したものだったなら、きっと財布には辛い思いや怨念や恐ろしい邪気がたまっているでしょう。そのまま何もせずに使ったら、あなたは悪い運を受け継ぐことになってしまいます。

中古のお財布を手にしたら、まずは浄化を！　アルコール除菌をしたり、塩水でつくった浄化水でキレイに拭いたり、太陽に当てて浄化し、リセットするのもいいでしょう。太陽は王様の星・獅子座のパワーが宿っています。満ち欠けがない太陽は、仕事運アップやステイタスアップにぴったりです。

お財布は家と同じ。引っ越しをして住み替える際は、キレイにしてから気持ちよく使い始めることが大切です。

8

開運財布

お財布のチェンジは吉日に！
ハッピーな気持ちで準備を

お財布を使い始めるのも「吉」とされる日がオススメです。こんなことを言うと「迷信じゃないの？」と思われるかもしれません。でも、日本にはたくさんの吉日があり「大安吉日」、「思い立ったが吉日」なんて言葉もありますよね。結婚式は大安に、お葬式は仏滅にというのも、六曜という吉凶を表す暦注《れきちゅう》によるものです。

財布を使い始めるなら、金運と密接に結びついている「寅の日」や「巳の日」、何事を始めるにも良いとされる「一粒万倍日」、最上の吉日とされている「天赦日《てんしゃび》」がオススメ！「いい日だ！」と納得して使い始めることで、うまくいくことがあるんです。ただし、いい日だと思っても、「不成就日」が重なっていることもあるので、その場合はちょっと待って。気持ちよく財布をおろせる日を選び直しましょう。

財布をおろすときは、前夜、眠る15分前からハッピーオーラに包まれてくださいね。眠るということは一旦停止すること。ネガティブな状態で眠ってしまうと、翌朝、再生ボタンが押されたとき、ネガティブなままスタートすることに…。コメディーを見たり、アロマでリラックスしたり、ハッピーな気持ちで眠るようにしましょう！

9
開運財布

混雑時の銀行は怨念だらけ！空いている時間に行きましょう

銀行はお金がいっぱい集まる夢の国、お金のテーマパークのような場所です。でも、よーく見ると、いろいろな思いを抱えた人々が訪れているんです。お金が儲かってウハウハの人もいれば、お金がなくて落ち込んでいたり、会社の資金繰りという大きな悩みを抱えて訪れている人もいます。

特に、たくさんの人が訪れる時間帯は、邪気や怨念が集まりがち。最近、私は波動検査にハマっていて、頭にヘッドホンを当てて波動を計測してもらっています。満員電車に乗った後は、負の波動が検出されることも。混雑した場所では負の波動が乗り移りやすいのです。だから、イライラしていたり、悲愴感が漂う人にはできるだけ近寄らず、ステキな人、無邪気な子どもの近くに行くようにしています。

満員電車や競馬の馬券売り場などの人混みもそうですが、特に銀行はお金がらみの怨念が移りやすい場所です。お昼休みの時間帯や、閉店間際、給料日前後など混雑するタイミングを避け、空いている時間を狙って訪れましょう。人混みには〝悲愴感ゾンビ〟や〝ビンボーミイラ〟がいっぱい！　できるだけ近づかないように！

3章

お金持ちの輪に入る!
人付き合い

Welcome
もっと
聞かせてヨ
キミ
おもしろいヨ!

お金持ちに学ぶ、
人付き合いのヒント。
ステキな経験を経て
魅力的な人になることで、
人にもお金にも
好かれる人になるんです！

1
人付き合い

ハッピーバイブス全開で真っすぐに思いを伝えよう！

お金持ちは、とにかく表現がストレート！　相手を気持ちよくさせるのが上手です。「会いたかった！」、「嬉しい〜！」「ありがとう！」と真っすぐ言葉にします。某人気アイドルは、スタッフさんが飲み物を持ってくると、手を握ってお礼を伝えるそう。だからみんな気持ちよく仕事ができると、そんな話も耳にします。

地に足が着いた状態で、きちんと成功している人は謙虚です。だけど中途半端にお金を持って勘違いしている人は生意気になりがち。そんな人ほど成功が長続きしません。幸運の女神に愛されるかどうかは、「謙虚さ」、「表現上手」の２つに凝縮されています。楽しんでいるのに無表情、無反応は絶対にダメ！　曖昧な言葉はモヤモヤバイブスのもと。相手を悩ませることになり、「また会いたい」と思ってもらえません。

「楽しい〜！」と、笑顔で伝えれば、相手も楽しくなるんです。心が反響し合ってハッピーバイブスが強くなれば、人もお金も自然と集まってきます。自分は口ベタだと自覚している人は、意識して気持ちを言葉にしましょう。思いを伝えることは人付き合いの基本、運気アップにもつながります。

2

人付き合い

褒め上手になって
ポジティブオーラをまとおう

大人になると、失敗して責められることはあっても、褒めたり褒められたりということがめっきり少なくなりますよね。でも、お金持ちは褒めるのが上手。「その髪型いいわね」、「ステキなバッグね、どこで売ってるの？」という具合にジャンジャン褒めてくれます。私がデパートで働いていたときは、お金持ちのお客様が「あなたの笑顔、いいわね！」と声をかけてくれました。その日はとても嬉しくて、笑顔で過ごしていたら、お客様からもたくさんの笑顔のお返しをいただけたことを覚えています。

「いいね」と思ったことを、相手にポジティブに伝えれば、ポジティブなオーラが受け渡され、また相手からポジティブなオーラを再びもらえるのです。

でも、「いいね」と思っても口に出さずにいると、それは妬みへと変わってしまいます。褒め言葉を口にすることで、負の意識は浄化されるのです。「私は美人じゃないし、褒められることなんてないから…」と思わないで！　卑屈にならず、まずは自分から人を褒めましょう。そうすれば、「あの子いいね！」とパッと思い浮かべてもらえる、ポジティブオーラを身にまとうことができるはずです。

3

人付き合い

「ありがとう」は幸せの種蒔き言葉

お金持ちは「ありがとう」とちゃんと言葉に出します。逆に貧乏な人ほど「ありがとう」を言わず、態度が悪いことが多いと感じます。日常生活でも、繁盛していない、活気がないお店の店員さんは、お客様に対して気持ちよく「ありがとうございました」と言えていないことが多く、それどころか、「はい」すら、ちゃんと言えていません。

お店でも、タクシーでも、返事をしない人が増えている…、これっていったいどういうことなのでしょう？　私は、人とのやりとりができない人は将来が暗いと思っています。人工知能のＡＩに負けてしまいます。高学歴だって関係ありません。ＡＩが蓄積できる知識は無限大、学習能力だって備えているのですから。人間がＡＩに勝るのは「心」です。相手への心遣い、感謝の言葉、気持ちがこもった挨拶こそ幸せの種。いくらＡＩが学習しても、太刀打ちできません。心を込めて「ありがとう」と言われれば、悪い気がする人はいないですよね？　誰に対しても「ありがとう」と言える人間性、人間力を身につけることが、人とお金を呼び寄せる第一歩なのです。

4
人付き合い

口先だけの約束は無駄！
軽やかに即行動で魅力アップ

「今度、食事に行きましょう」、「いいですね！　ぜひ今度」。みなさんも、そんな言葉のやりとりを何度もしたことがあるでしょう。でも「今度って言うけど、今度っていつだよ！　本当は行く気、ないよね～」って思うことも多いのでは？

口約束なんて世間ではよくある話ですが、お金持ちは口先だけの約束はしません。「今度会いましょう」となったら、「じゃあいつ？」と即行動につなげます。とにかく成功者はアグレッシブ。興味を持ったら軽やかに、スピーディに行動につなげます。どんどん人を巻き込み、楽しみを広げて行く！　そんな感じです。

でも、「いつか行きましょう」、「いいですね～」とばかり言っている人は、信頼できませんよね。いい人ぶって八方美人になっても、本心じゃない場合は負の連鎖を引き起こすだけ。気持ちが入っていない「いいね」は負の呼び水です。誰からも好かれず、本心がわからないと思われて誘われず、孤独になるだけ。なんとなくいい顔をして、周囲の人を軽くあしらってしまっているなら、すぐにでも悔い改めるべし！　誠意を持って受け答えすることが、あなたの魅力につながるでしょう。

5
人付き合い

来る者拒まず去る者追わず。モテ男のように軽やかに

Welcome
もっと
聞かせてヨ
キミ
おもしろいヨ!
魅力的
また会いたい

なんとなく面倒だな〜と感じたり、人見知りだから…と人付き合いを限定して、新しい出会いをシャットアウトしている、なんてことはありませんか？　それでは自分の成長もなく、新たなチャンスにも出会えません。

多くのお金持ちは、間口は広く、誰でもいったんは受け入れています。「来る者拒まず」のスタンスで「あなた何者？　おもしろーい！もっと知りたーい！」という感じで、フラットな状態で両手を広げて興味津々に受け入れてくれます。とにかく好奇心が旺盛でポジティブだから、好印象を相手に与え、さらに出会いがどんどん増えるのです。出会いによって人間的な魅力が増し「また会いたい！」と人が集まってくる、そんなよい循環が生まれます。

「去る者追わず」もお金持ちの特徴。まるでモテ男ですね！　人が自然と集まってくるから、去る人に執着することはありません。自分自身に淀んだ気持ちがあると、悶々と執着して追いかける、そして嫌われる、孤独になる…という悪いループに。こんな状態では、人はもちろんお金だって逃げてしまいます。

6

人付き合い

人にもお金にも好かれる名前を使っているかチェック

カール・ラガーフェルト(ト)
カール・ラガーフェルド(ド)
名前を変えたら
カリスマになりました
シャネルのデザイナーです

知っていますか？　運を司っているのは名前なんです。本名も大事ですが、よく使うＳＮＳラインのアカウント名もすごく大事！　以前、婚活イベントを行ったとき、なんと９割もの人が、普段呼ばれている名前、ラインの名前の画数が、９画、10画、19画、20画というスーパーウルトラ大凶だったんです！　これらはすべて悪魔がやってくるという画数。婚活で苦しんでいたのも、思わず納得してしまいました。

同じ名前でも漢字、ローマ字、ひらがな、カタカナで運勢は変わります。シャネルをはじめとする有名ブランドのデザイナーを務めたカール・ラガーフェルドは、本名カール・ラガーフェルト（最後の音が「ト」）。アシスタント時代は地味な存在でしたが、スペルを変えてカール・ラガーフェルド（最後の音が「ド」）にした結果、才能が開花し、カリスマデザイナーになりました。

特に意識したいのが、連絡先の交換によく使う名前。たとえばＬＩＮＥをよく使うなら、アカウント名をチェックして。夫婦やカップルの呼び名の画数も影響あり！　もし、運気がよくなかったなら、よい画数の名前に変えてみてはいかが？

イヴルルド遙華式

画数早見表

姓名判断にも色々な流派があり、画数の数え方が異なります。
統計学から編み出した“イヴルルド遙華式”の画数で、
名前の画数をチェックしましょう。

ひらがな

あ 3	い 2	う 2	え 3	お 4
か 3	き 4	く 1	け 3	こ 2
さ 3	し 1	す 3	せ 3	そ 4
た 4	ち 3	つ 1	て 2	と 2
な 5	に 3	ぬ 4	ね 4	の 2
は 4	ひ 2	ふ 4	へ 1	ほ 5
ま 4	み 3	む 4	め 3	も 3
や 3		ゆ 3		よ 3
ら 3	り 2	る 4	れ 3	ろ 3
わ 3		を 4		ん 1

カタカナ

ア 2	イ 2	ウ 3	エ 3	オ 3
カ 2	キ 3	ク 2	ケ 3	コ 2
サ 3	シ 3	ス 2	セ 2	ソ 2
タ 3	チ 3	ツ 3	テ 3	ト 2
ナ 2	ニ 2	ヌ 2	ネ 4	ノ 1
ハ 2	ヒ 2	フ 1	ヘ 1	ホ 4
マ 2	ミ 3	ム 2	メ 2	モ 3
ヤ 2		ユ 2		ヨ 3
ラ 2	リ 2	ル 2	レ 1	ロ 3
ワ 2		ヲ 2		ン 2

アルファベット大文字

A	B	C	D	E	F	G	H	I	J	K	L	M
3	3	1	2	4	3	3	3	1	2	3	1	4
N	**O**	**P**	**Q**	**R**	**S**	**T**	**U**	**V**	**W**	**X**	**Y**	**Z**
3	1	2	2	3	1	2	1	2	4	2	3	3

アルファベット小文字

a	b	c	d	e	f	g	h	i	j	k	l	m
2	2	1	2	2	2	2	2	2	2	3	1	3
n	**o**	**p**	**q**	**r**	**s**	**t**	**u**	**v**	**w**	**x**	**y**	**z**
2	1	2	2	2	1	2	2	2	4	2	2	3

算用数字

1	2	3	4	5	6	7	8	9	0
1	2	2	2	3	2	2	2	2	1

POINT

゜（半濁点）…1画　　、。・♪★などのマーク…1画

゛（濁点）…2画　　@ & …3画

数えにくい漢字の部首

1画 乙 乚

2画 匚 刀 厂 凵 冂 力 几 勹 匸 匕 卩 又 厶

3画 幺 宀 廴 阝 己 女 巛 口 子 尸 夂 尢 巾 山 夕 弓 辶

4画 辶

※これ以外の漢字は一般的な辞書やインターネットで画数を調べてください

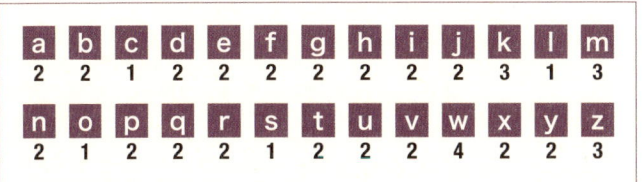

運気GOOD!

スーパーウルトラ大吉

とんとん拍子に幸運がやってくる人が多い、最強の画数！

6画 安泰運	15画 人徳運	24画 創造運	31画 成功運
47画 繁盛運			

ウルトラ大吉

独立精神旺盛で、起業して成功を収めている人が多い画数。

11画 天恵運	16画 注目運	23画 独立運	32画 福徳運
33画 大志運	37画 発揮運	39画 活躍運	41画 名実運
45画 達成運	48画 円満運		

カリスマ大吉

ファッション、芸能界など、注目を集める職業の人にピッタリ！

7画 魅力運	17画 光輝運

大吉

周囲の人に感謝して精進すれば運気アップ！

3画 組織運	5画 幸福運	13画 話術運	21画 責任運
35画 師匠運	38画 才能運		

吉

大器晩成型。コツコツと努力を積み重ねることで成功に前進！

1画 発展運	8画 努力運	18画 信念運	27画 威厳運
29画 欲望運			

運気NO GOOD!

半吉

油断すると落とし穴に落ちたり、振り回されるので注意!!

25画 自我運	26画 人情運

半凶

人生遠回りしやすい運気。うっかりミスに気をつけて。

30画 左右運	40画 裏切運	49画 虚栄運	50画 明暗運

凶

周囲のトラブルに影響され、問題を抱えやすい運勢。

14画 誤解運	22画 不満運	28画 不和運	46画 災難運

大凶

チャンスを逃しがち。トラブルにも見舞われやすい…

2画 孤独運	4画 不遇運	12画 挫折運	34画 逆境運
36画 困難運	42画 爆発運	43画 浪費運	44画 傲慢運

スーパーウルトラ大凶

ストレスや病気、災いを招きやすく、邪魔ばかり入る。

9 禁欲運	10 苦労運	19 障害運	20 薄幸運

SNSのアカウント名で運気アップ！
プチ改名をしてみよう

優 子 ＝ 20画
17 ＋ 3
【スーパーウルトラ大凶 薄幸運】

優 子 ち ゃ ん ＝ 27画
17 ＋ 3 ＋ 3 ＋ 3 ＋ 1
【吉 威厳運】

ゆ う こ ＝ 7画
3 ＋ 2 ＋ 2
【カリスマ大吉 魅力運】

ゆ う こ り ん ＝ 10画
3 ＋ 2 ＋ 2 ＋ 2 ＋ 1
【スーパーウルトラ大凶 苦労運】

もとの名前は同じでも、ＳＮＳのアカウント名、ニックネームなどで呼び名や表記が変われば、運勢も変わります。最初は苗字＋さんづけで呼ばれていたのが、仲良くなって下の名前で呼ばれるようになったら、ぎくしゃくして疎遠になってしまったり、ＳＮＳで愛称

アルファベット表記なら…

YUKO＝8画
3＋1＋3＋1
【吉 努力運】

YUUKO＝9画
3＋1＋1＋3＋1
【スーパーウルトラ大凶 禁欲運】

Yuko＝9画
3＋2＋3＋1
【スーパーウルトラ大凶 禁欲運】

Yuuko＝11画
3＋2＋2＋3＋1
【ウルトラ大吉 天恵運】

をアカウント名にしたら大人気になったり。名前は人付き合いに大きな影響を与えます。もし、今使っているアカウント名やニックネームがよくない運勢なら、ぜひ、運勢のよい画数にプチ改名をしましょう。名前があなたを、いい方向に導いてくれるはずです！

7

人付き合い

ハイクラスの場所に出かけて未来の自分に投資しよう

貧乏な人が集まるところには貧乏な運気が集まり、成功者が集まるところにはいい運気が集まります。まさに「類は友を呼ぶ」ですね。もし、今、一般的な世界にいるなら、一度ハイクラスな世界に飛び出してみましょう。私は、高校卒業後すぐに、友だちと船旅をしました。一番安い客室でしたが、せっかくだから満喫しよう！と、華やかに着飾ってみたところ、ラッキーなことに船長とディナーを共にするメンバーに選ばれたのです。ステキな生演奏を聴きながらの食事は夢のようで、「こんな世界があるんだ」ということを知りました。この体験は、私にとってとても大きなもの。お金持ちの世界の心地よさ、なんて優雅で刺激的な世界があるんだ！と感じたのです。

もちろん、普通に暮らしていてはお金持ちとの接点はできません。そこでオススメしたいのが、少しハイクラスな習い事に挑戦すること。たとえば、都内のハイクラスなスポーツジムに行ってみたら、有名芸能人がすぐ横にいて、会話を交わした！なんてこともあるわけです。興味を持っている習い事があるなら、ぜひチャレンジを！新しい出会いは、未来の自分への投資。きっと世界が広がるでしょう。

8

人付き合い

面白いネタは、自信満々で披露し合おう！

自信満々
この前ね 釣りに行って
だったんだよ
料理教室でね
やってみたの

お金持ちは、とにかくおしゃべり。ただ、無駄話をするのではなく、意見を出し合ったり、知らないことを教えてもらったりするのがお好きです。頭ごなしに否定したり、偏見の目で見るなんてことはなく、誰の話であろうと面白いと思えば、「そういう考えもあるんだ！」と、受け入れてくれます。伝えたいことがちゃんとあれば、刺激的な会話を展開することができるでしょう。だけど会話って、日頃から鍛えていないと案外できないもの。ＬＩＮＥスタンプに頼っているようでは、言葉を紡ぎ出す力が衰えて、リズムのよい会話ができなくなってしまいます。

周りの人を惹きつける、中身のある会話をするためには、自分の好きなことを掘り下げ、体験を重ねることが大切。家電、料理、釣り、スイーツ、何でもいいんです。ネットで拾ったような薄〜い話はいりません。漁師さんと仲良くなって本格的に釣りを教えてもらったり、大工さんと知り合ってＤＩＹの腕を磨くなんていうのもいいですね！　住む世界が違うなんて思わず、相手をリスペクトして踏み込んでいきましょう。自分の言葉で話せるネタを蓄えることが、あなたの魅力となるはずです。

9
人付き合い

お金持ちは楽しませ上手！おもてなしの心を忘れずに

最近人を楽しませたり、喜ばせたりしていますか？　意外と「できていないな～」という人、多いのでは？　お金持ちは、とにかく人を楽しませるのが得意だなと思います。知り合いのある有名人のご自宅に遊びに行くと、いつも私の好物の焼きそばを用意していてくれます。アメリカにあるお宅でも同じように「焼きそば好きだよね」と出してくれるのです。まるで実家のお母ちゃん！　いただく私はいつも「ありがたや～」と感謝しています。恩を受け取ると、やはり恩を返したくなるというのが人間ですよね。人間関係はこうして作られていくんだなと思います。

たとえば、旅先で誰かの人の顔が思い浮かんだら、その土地のものを買っていってあげる。道の駅で買ったその土地の農産物やお菓子だっていいんです。旅先で顔を思い浮かべてくれたというだけで、相手は嬉しいものです。ほかにも、後輩にごはんをおごってあげるとか、おばあちゃんが好きな羊羹《ようかん》を送ってあげるとか、それぞれに合うものでOK。できないことを無理する必要はありません。相手を思う気持ちがこもっていればそれで十分。その思いは必ず伝わります。

10

人付き合い

人と違うネタは人を惹きつける必殺技！

自分の知らないことを知っている人に惹かれることってありますよね。反対に「不倫してます」なんて運気が悪くて暗〜い内容は「あ〜ぁ」と思われるだけ。しょうもない自慢話もマウンティングのように感じられ、人は去っていくかもしれません。でも、みんなが「知りたい！聞きたい！」と思うネタを持っていれば、それは人付き合いにおいて大きな武器になります。

たとえば、普段上品でおしとやかな子が「野生のゴリラに会ってきた」なんて聞けば、「えっ！どんな感じだった？」と興味がわきますよね。超お嬢様が、「好物はちくわキュウリ」なんて話せば、そのギャップに「面白い〜！」ってなりますよね。

男女を問わず人気者は、とにかく話題が豊富で面白い。一方、恋愛がうまくいっていない、モテない人は面白くない…。趣味も特技もなく、家と職場の往復だけなら、まず何も起こりません。人間的な魅力を備えるためには、「つまらない」なんて思い込みや偏見を捨て、いろいろなことに好奇心旺盛に挑戦してみましょう。その先にはきっと周りの人が「えっ、まじで〜！」となるネタが転がっているはず！

11
人付き合い

やわらか頭で成功者の話を聞こう

仕事の愚痴や上司の悪口ばかりを言っている人、いますよね。そういう話をずっと聞いていると気が滅入ってきます。だけど、成功者やお金持ちの話を聞くと、視野が広がり、ひらめきがあります。自分とは違う考えや感覚に触れることは、刺激的で楽しいもの！　たとえば、ホリエモンこと堀江貴文さんは、今決まった家がなく、友人、知人の家を転々としているそう。ネット環境さえあればどこにいても仕事ができて、人ともつながれるという今の時代のメリットを、おおいに活用しています。おまけに、民間初のロケットを打ち上げ、すでに宇宙ビジネスの未来を見据えているのだとか。固い頭で狭い世界にこもっていては、到底ついていけない話です。

だからこそ、成功者の話はガンガン聞くべき。テレビのインタビューやネット配信の記事だっていいんです。面白いことにチャレンジし、自分の意思を貫いている人たちが、どんなことを考えているのか？何をしようとしているのか？耳を傾けてみましょう。自分なりの未来への準備や心構えのヒントが見つかればしめたもの！　何より、いろいろな考えに触れることが、あなたのパワーアップにつながります。

12
人付き合い

いいもの、おいしいものは
オープンな心でシェア！

オープン
おいしいから
みんなも
食べて♪
閉じこもった印象
わたしのモノ
わたしのモノ
わたしのモノ
わたしのモノ
コソコソ

お金持ちは、お金に余裕があるだけでなく、心が広い！「いいな」と思ったら、独り占めしないで、すぐに「これいいよ！」と教えてくれます。これがまた、気どっていないから好印象！「このお味噌汁の素、すごくおいしいから、飲んでみて！」なんて言って差し出されたら、親しみが湧きますよね。お金持ちは、けして人を物で釣っているのではありません。「シェアしよう！」というおおらかでオープンな気持ちが、人を惹きつけるのでしょう。

一方、ケチで、独占欲が強い人は、会話もコソコソとしていて、なんとなく暗く閉じこもった印象。なんだか親しみが持てませんよね。「無料が好き」という人は、人やお金に好かれないタイプです。「無料《ただ》ほど高いものはない」と言われるように、無料で物やサービスをゲットしても、その見返りにしつこい営業をかけられたり、アンケートなどに答えてしまって個人情報をばらまかれてしまったり…。その結果、邪気をもらったり、ストレスを抱えて運気も悪くなりがちです。こもらず、オープンに、いいものをシェアする心を持ちましょう。

13

人付き合い

偏見や意地悪は運を逃がす。誰にでも平等に接しよう！

頂点まで上りつめた人は、優しいオーラをまとっています。鑑定をしていてもトップのアイドル、俳優さんほど謙虚で素敵な人ばかり。お金も地位も名誉も手にすると仏になるのか！と思うほど、自慢話も、意地悪も、妬みもない。どんな人にも平等に接してくれます。逆に、小金持ちや心が貧しい人ほど、人によってコロコロ態度を変え、弱い者いじめをする。おまけに悪口や愚痴ばっかりで、一緒にいても楽しくない…。だから、嫌われている人が多いのです。そんな人を鑑定したときは、寝込むぐらい私も相手の負のオーラをもらってしまいます。

買い物の仕方でもわかります。小金持ちや心が貧しい人ほど、店員さんへの態度が横暴。上から目線で叱りつけたり、過剰なサービスを要求したり、クレームを言って困らせたり。店員さんからしたらとても嫌な客ですよね。

お金持ちは、相手の時間も自分の時間も大事にします。また来て欲しいと思ってもらえるから、人からもお金からも好かれるのです。あなたはどんな空気を放っていますか？　客観的に向き合って、ハッピーなオーラを放てる人を目指しましょう。

14

人付き合い

いい香りと明るい音楽が人とお金を呼び寄せる！

お金持ちの家やラグジュアリーなお店、ホテルを訪れると、必ずいい香り、ステキな音楽でおもてなしされます。特にお金持ちの家では、香りと音楽がゆったりと生活にとけこんでいるよう。朝起きたらジャズが流れている、なんてステキですよね！

私は朝から陽気なラテンの音楽でベッドから出て踊り出しちゃう！という感じが好きです。お祭りはテンションが上がりますよね。笛や太鼓、鈴の音を聞けば、心と体が鼓舞されて元気になる！　だから、疲れたらあえてお祭りモードでいきましょう！

音楽は満員電車などでの邪気祓いにもオススメ。気分が上がる曲をヘッドホンで聴いていれば、疲れ果てたおじさんのいびきだってシャットアウトできます。

香りも大事。お金持ちに臭い人、臭い家はありません。香りは脳に大きな影響を与えます。納豆があれば瞬時に「納豆！」、防虫剤の匂いがすれば「おばあちゃん家《ち》！」となるように、香りによって記憶が蘇りますよね。だから、ハッピーで前向きになれる香りが一番です。人を不快にするような香りは言語道断！　いい環境がいい脳をつくり、人を集め、ひいてはお金を呼び寄せるのです。

4章

幸運体質をつくる!
開運フード

日本の行事の料理には、
縁起担ぎがたくさん!
縁起料理はもちろん、運磨き、
自分磨きに役立つ開運食べ物を
ご紹介します。

1

開運フード

お金持ちはお肌がピカピカ！

以前、雑誌『Forbes』で、世界のお金持ちランキングに掲載されていた顔写真を見て気づきました。とにかくみなさん肌ツヤがいい！　お肌ボロボロ、パサパサという人はおらず、まるでオイルを塗っているかのように光を放っているお肌ばかり。

風水では、肌は「ベース運・全体運」を表します。口やアゴの周りにできる大人ニキビは、ストレスのサインですし、お肌の調子がいいときは運気が上がっているサインです。吹き出物やニキビができたら、浄化・ストレス発散をしてデトックスを。運気のバロメーターだと思って鏡を見れば、お肌の調子がいいときはさらに気持ち良くすごせるでしょう。スキンケアを習慣化し、ていねいにお肌を育ててくださいね。

特に、男性はお肌に無頓着な人が多いので、身近な人が化粧水を準備してあげるといいでしょう。私自身は、毎晩お肌を手で触り、調子を確認し、ケアしています。食事で体の中からケアする意識も大切。オススメは豚足やキノコ鍋、漢方鍋です。質のよいものを食べて、体の中から調子がよくなれば、ほとんどケアはいらないですよね。

2
開運フード

旬の果物選びで開運のトレーニングを

果物は「成就運」の意味があります。大雨や灼熱の太陽にも負けず、お天気のパワーをたっぷり吸収し、おいしい実をつけた果物は最強フード！　何かをカタチにしたいときや、最近エネルギー不足かも…というときは、果物狩りに行きましょう。

「どの果物を穫ろうかなぁ」と選ぶことは、開運のトレーニングになります。果物は甘いものから固いもの、酸っぱいもの、腐りかけているものまで、まるでくじ引き。直感でおいしいものを選べているときはツキがあるけれど、ハズレばかりを選んでしまうときはツキがない証。「見る目を養え」というサインです。

果物のパワーは世界共通。欧米には「1日1個のりんごで医者いらず」という言葉がありますし、ハワイには、パパイヤは女性、バナナは男性を表すから「バナナとパパイヤを一緒に食べると子どもができる」という言い伝えも。日本でも、台風の強風に負けずに残ったりんごの実が「落ちないりんご」として、縁起物・受験のお守りになったこともありますね。風水では桃・柑橘・ざくろは「三柑《さんかん》の実」と言われる最強開運フルーツ。いちごやりんごの赤い果物は、恋愛運アップにいいとされていますよ。

3
開運フード

食べ物で開運、ゲン担ぎ！アクティブに運を呼び込もう

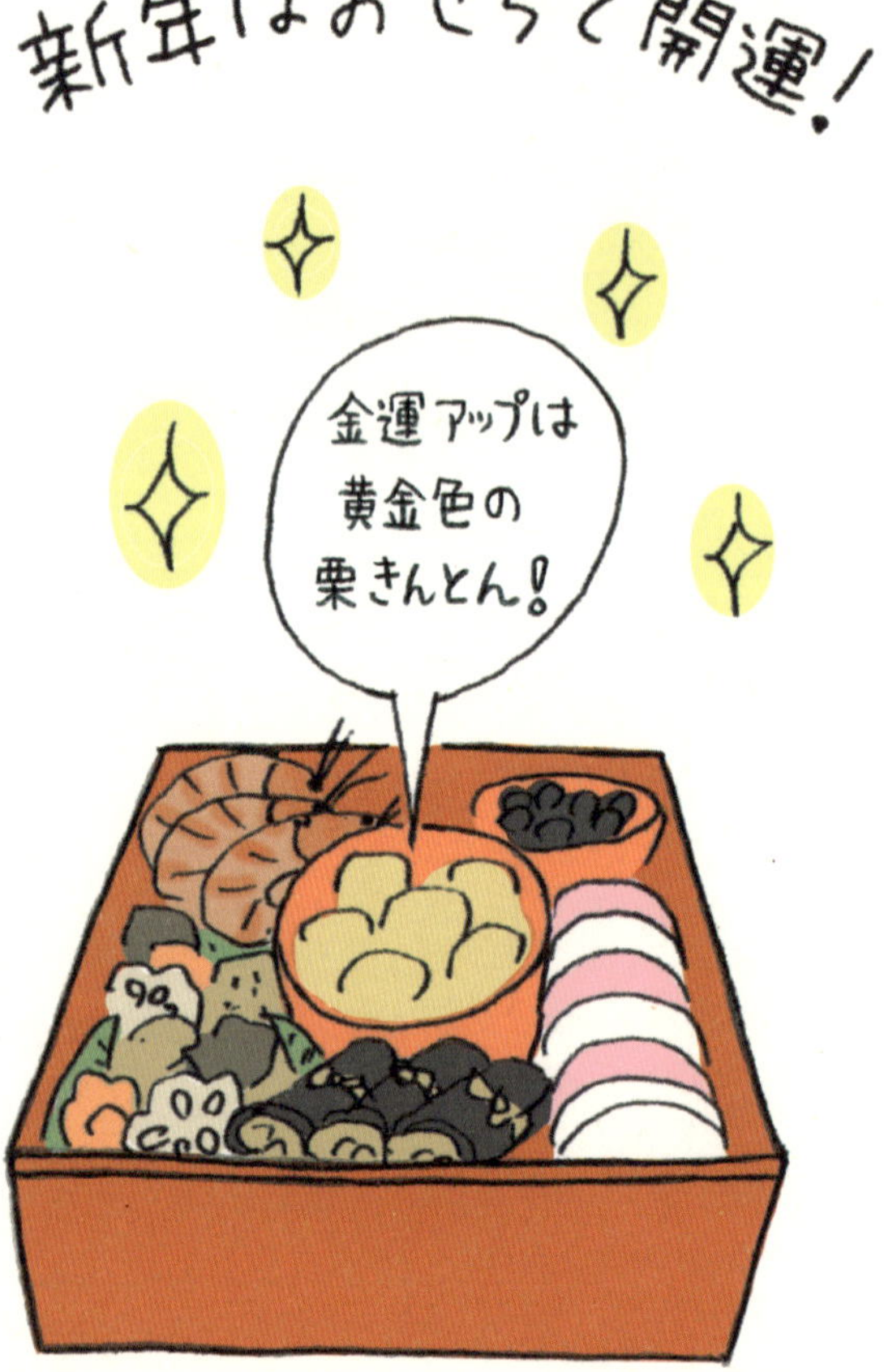
新年はおせちで開運！

日本人は昔から、ゲン担ぎや縁起物が大好き。戦国武将たちもこぞって勝負飯を口にしていたそうです。お正月にいただくおせち料理も、すべて縁起物や語呂合わせでできています。諸説ありますが、おせちがつくられるようになったのは、なんと、弥生時代だそうです。弥生時代から今まで続いているって、すごいこと！ 日本人がいかに開運好きかがわかりますね。生きている限り、毎日食べ物を口にするわけですから、食べ物で開運だなんて無駄がない！ まさに一石二鳥ですね。

開運とは「うん！大丈夫！」と思うことで得られる自己暗示効果ではないでしょうか。「うん！」と納得することは「運！」を呼び込むことにもつながります。そして、「運」は物事をうまく「運」ばせるという意味もあります。何も動かない、何もやらない人のところには「運」は運ばれてきません。毎日の食事でのゲン担ぎは、自分の意思で動くことの積み重ね。これで運が開けるのです。運がいい人はアクティブな人。アクティブでいるためには心も体も健康でなければなりません。おいしいものを食べて口福《こうふく》に！ 心身にエネルギーを満たして行動しましょう。

4 開運フード

冬の七種で最強開運！冬至に「ん」がつく食べ物を

「春の七草」といえば、セリ、ナズナ、ゴギョウ、ハコベ、ホトケノザ、スズナ、スズシロ。1月7日にいただく「七草粥」で知られていますよね。この風習は中国で始まり、日本では平安時代初めに宮中の行事とされ、邪気祓い・無病息災を願って庶民にも広がりました。『枕草子』にも「七日の日の若菜を、六日、人のもて来、さわぎとり散らしなどするに、見も知らぬ草を、子どもの取りもて来たるを、『何とかこれをばいふ』…」とあり、清少納言も七草粥を食べていたことがわかります。

「秋の七草」は、オミナエシ、ススキ、キキョウ、カワラナデシコ、フジバカマ、クズ、ハギ。食べるのではなく、目で見て楽しむものです。お散歩やトレッキングで秋の七草を見つけるのも楽しいですね。

そして、開運パワーが最も大きいのが「冬の七種」。一年の中で最も昼が短くなる冬至に「ん」がつく食材をいただくと運気がアップ。冬至にいただく「冬の七種」は、すべて「ん」が2つも入っているので、より多くの運を呼び込むと言われています。ぜひとも冬至は、冬の七種をいただいて開運を！

5章

動けば巡る！
金運アップ散歩

会社と家の往復ばかり、
引きこもってばかり…
それではいい運に出会えません。
金運がぐ～んとアップする
ステキなお出かけをしませんか？

1
金運UP散歩

ラグジュアリーな空間がハイクラスのパワーをくれる

場所には「気・エネルギー」が宿ります。活気溢れる下町商店街には人情や元気なパワーが、高級ブランドショップにはハイクラスのエネルギーが。だから、金運・出世運を上げたいなら、ハイクラスな場所に行き、運気を分けてもらいましょう！

高級ジュエリー店やブランドショップ、高級ホテルは、お金をかけた装飾品、ふわっと香る素敵な香り、そして一流のサービスで満たされた空間。何もかもが非日常で、日々の疲れや心の垢《あか》を落としてくれます。人はていねいに扱われると、ていねいに振る舞おうと心がけますよね。一方、誰にも気にしてもらえず、余裕がなくていっぱいいっぱいになると、ていねいな言動は後回しになってしまいます。

運気とは「気を運ぶこと」。運気をよくするためには、いつもと違うことをして、「気」を運ぶことが大事です。ヨーロッパのお金持ちがよくバケーションに選ぶのはどこだと思いますか？　なんと、アフリカなんです！　大自然の中で本能が目覚め、刺激されるのでしょう。贅沢なホテル、ブランド品に囲まれた生活が当たり前の人にとっては、大自然を感じたり、異なる文化の「気」をもらうことが大事なのですね。

本店・老舗・1号店・発祥店で起業・立ち上げ運がアップ！

一番になったり、発祥となったお店は、ものすごく強いパワーを持っています。だからこそ、お出かけや遠出、旅をしたときには、ぜひ、本店、老舗、1号店、発祥店に行きましょう。大人気のお店は活気に溢れ、お金がどんどんやってきていて、気持ちがいいものです。私の目には人の行列がお金に見えることも（笑）。

また、どんなお店ができても、なぜか潰れてしまう場所があります。きっと「負」のエネルギーが強いのでしょう。だから私は、そのような場所で買い物や食事をしません。その場所にある「負」のエネルギーを摂取し、持ち帰ってしまうからです。

これは私の体験談ですが、十数年前、いつもお店が潰れてしまう場所にできたレストランで食事したところ、まんまとお腹を壊しました。丸3日ほど寝込み、死ぬほど辛い思いをしました。それ以来、お店の「気」を感じ取るよう心がけています。国内でも海外でも旅行先でお菓子や小物などを買うときは、できるだけ発祥のものを選び、ブランド品を買うときは本店に足を運び、「ここから大きくなったんだ！」と、エネルギーを吸収させてもらっています。

3

金運UP散歩

生年月日で知る あなたの運気アップスポット

【マインドナンバーの計算方法】

生年月日の数字を足し算し、
合計の数字をさらに足し算する。

例：1957年8月11日の場合

➡ 1＋9＋5＋7＋8＋1＋1＝**32**

➡ 3＋2＝**5**

マインドナンバーは**5**

※10の場合は、1＋0＝1

計算を間違えると、間違った運勢の上げ方をしてしまうことになるので、注意しましょう。

マインドナンバー1

開運力を上げるノープランの旅

本能的に自分の選ぶべきことがわかるタイプ。少し話しただけで「ウマが合わない」と思ったり、「この仕事、うまくいかないかも」と感じることはありませんか？　だからこそ、ナンバー1の人は、常に自分の直感やセンサーを鍛えておくことが大切。「なんとなくこっちに行きたい！」などのセンサーに従って動いてみましょう。その結果、いい出会いにつながることが増え、幸運のキャッチ力も強くなっていきます。

マインドナンバー2

見て、触って、肌で感じて五感を鍛えよ！

敏感で、表現することが上手なタイプ。感性豊かで、アーティスト気質な人が多いのが特徴です。ただし、日頃の生活で右脳を使ってない状態が続くと、感性が鈍って凡人になってしまいます。マインドナンバーの中では、最もミラクルを引き寄せることができるタイプですから、ライブや美術館、陶芸教室、乗馬体験など右脳を刺激する場所へ出かけましょう！

マインドナンバー3　しがらみ・責任感を手放して脱力を。浄化で開運！

責任を背負いこみやすいタイプ。周囲に気を使ってしまいがちなので、意識して自由に気ままに過ごすようにしましょう。行きたかったカフェや好きなセレクトショップなどで、思う存分、自分の時間を堪能するのもいいでしょう。友だちや家族など身近な人とでも、長時間一緒にいると疲れてしまうところがあるので、一人の時間をつくり、リセットすることを心がけて。

マインドナンバー4　ゴージャスなスポットで気持ちも運気も爆上げ！

開運スポットは、気分が上がるような素敵な場所！　田舎よりも都会、庶民的な場所よりも、ゴージャスでセレブな気分を味わえるスポットがお似合いです。女王様や王様気分を味わえる、ていねいな接客を受ければ、日頃の疲れも吹き飛ぶはず。「運気を上げるぞ！」という日は、自己投資が吉。ケチケチせずに思い切ってお金を使いましょう。

マインドナンバー5　特別な場所が特別なパワーを与えてくれる！

まさにキング。選ばれし者です！　実際、ナンバー5はビジネスで大成功を収めている人が多く、女性であっても仕事ができる優秀な人ばかり。そんなキングは、会員制の場所や通常は入ることができないような特別公開の場所、あるいは、王様や殿様が過ごしたお城などに行くと気分が上がるでしょう。天下を取るために、ビジネス運・成功運を上げましょう！

マインドナンバー6　人とのご縁が運命を変える！　受け身だと運気だだ下がり

ナンバー6はメッセンジャー。どんな人と出会うかによって、運気・運命が左右されます。だからこそ、疲れているからと家でゴロゴロ、ワンパターンの過ごし方をしてしまうのはNG！　常に、ネットワークのアップデートを目指し、セミナーやイベント、パーティーなどに顔を出して人脈を広げましょう。出会いが起爆剤となって、あなたの運命は変わるはず！

マインドナンバー7　ビューティースポットで開花！

ナンバー7の人は見た目が重要です！　めんどくさがったり、誰も見ていないからと手を抜いたり、ズボラになってはNG。何歳になっても魅力的な存在でいることで周囲に一目置かれ、いい仕事や幸運が舞い込むでしょう。ウィンドウショッピングをしてこまめにトレンドをチェックしたり、定期的に美容室に行ってキレイをキープしましょう。ボサボサの寝癖、傷んだ髪でも平気…だなんて、いただけませんよ。

マインドナンバー8　没頭する時間が必要。夢中になれることを探して！

こだわりをもつこと、一人の時間が大事です。いつも誰かと一緒でペースを乱されるとストレスがたまってしまいます。だから、どんなに忙しくても自分の時間を作り、趣味の時間で気分転換をしましょう。体を動かすのが好きな人は運動を、静かに没頭したい人は瞑想、ヨガ、お寺で座禅や滝行に挑戦するのもあり！　黙々と本を読んだり、ドライブするのもオススメです。

マインドナンバー9

スピリチュアルスポットでパワーアップ！

マインドナンバーの中で、最もスピリチュアルパワーを持つ人。第6感の感覚が優れています。なんとなくこうなる気がする、嫌な感じがするなど、「虫の知らせ」のような感覚はありませんか？　あなたにはそういうパワーがあります。だからこそ、神社仏閣やパワースポットなど、いいエネルギーを肌で感じる場所に行って、パワーを体内に取り入れましょう。

TIPS

「1」の住所へお出かけして、運気を充電！

明治神宮の住所は「東京都渋谷区代々木神園町1番1号」。皇居は「東京都千代田区千代田1番1号」。重要な場所の住所には「1」が使われています。「1」は始まりのパワーだけでなく、オンリーワン、ナンバーワンのパワーも！　その場所に3時間ほど滞在するだけで運気が充電されます。私はさらに、大安と並ぶ吉日「一粒万倍日」、暦の上でよい日とされる「天一天上」など、「一」がつくよい日に行くように心がけています。1月1日、1月11日、11月1日、11月11日も最強ですね。

4

金運UP散歩

銭洗いで金運アップ！お金も心もクリーニング

鎌倉にある銭洗弁財天宇賀福《うがふく》神社、通称「銭洗弁天《ぜにあらいべんてん》」は、「お金を洗うと何倍にも増えて戻ってくる」と言われる霊水「銭洗水」があり、多くの人が金運アップ祈願に訪れています。この神社の起源は不詳ですが、伝承によると、天下安泰を願った源頼朝が、巳の年（1185年）、巳の月（旧暦の4月）、巳の日の夜に見た夢で、「この水で神仏を供養すれば天下は太平に治まる」というお告げを受け、佐助ヶ谷の岩壁に湧く霊水を見つけ、そこにほこらを建てて宇賀神（人間に福徳をもたらす福の神）を祀りました。その後、北条時頼がお金を宇賀福神社の水で洗い一家繁栄を祈ったことにならって、人々が銭を洗って幸福利益を願うようになったそうです。

銭洗の神社は全国にあるので、是非、金運アップ祈願に行ってみましょう。ちなみに、〝銭洗い〟は硬貨を洗うのが主流だそうです。お札を洗う場合は、水を少しだけかけて乾かす程度で大丈夫。洗ったお金は、使うことでご利益を得られるとされていることが多く、特に「弁財天の縁日である巳の日に洗ったお金はご利益がある」と言われているので、お試しあれ！

全国の"銭洗"社寺

1

銭洗弁財天 宇賀福神社

〈神奈川県〉

「銭洗弁天」と呼ばれる、鎌倉の人気パワースポット。境内の洞窟に湧く銭洗水でお金を洗うと金運、勝負運にご利益があると伝えられています。縁起物のナスにちなんだ「願いかなう茄子守」も人気。

2

金華山黄金山《こがねやま》神社

〈宮城県〉

黄金の神、生産の神として信仰されており、「3年続けてお参りすると一生お金に不自由しない」と言われるほど強力な金運がつくとされています。

3

白蛇《はくじゃ》辨財天

〈栃木県〉

金運銭洗いの滝のご神水でお金を洗い清めることで金運上昇、また毎日飲むことで病が解放に向かうとも。

4

三光稲荷神社《さんこう》

〈愛知県〉

銭洗池のご神水でお金や宝くじ、財宝などを洗うと、何倍にもなって返ってくると伝えられています。清めたお金は使ったほうがよいとされるところも多いですが、こちらでは使わずに持っていることで、一家繁昌、子孫長久のご利益も授かれると言われています。

5

御金《みかね》神社

〈京都府〉

一際輝く金色の鳥居が特徴。手水舎に置かれているザルに小銭を入れ、柄杓で水をかけて洗い流すことでお金が清められ、金運がアップするのだそう。金運上昇を願うイチョウ型の絵馬も多く奉納されています。

6

羅漢《らかん》寺

〈島根県〉

銭洗い池でお金を洗うと、開運・金運上昇のご利益に授かれるとのこと。世界遺産に認定された五百羅漢像はどれも表情豊かで「知っている人の顔に似ている羅漢像が必ず見つかる」のだとか。

5

金運UP散歩

「レイライン」で無限のパワーをゲット!

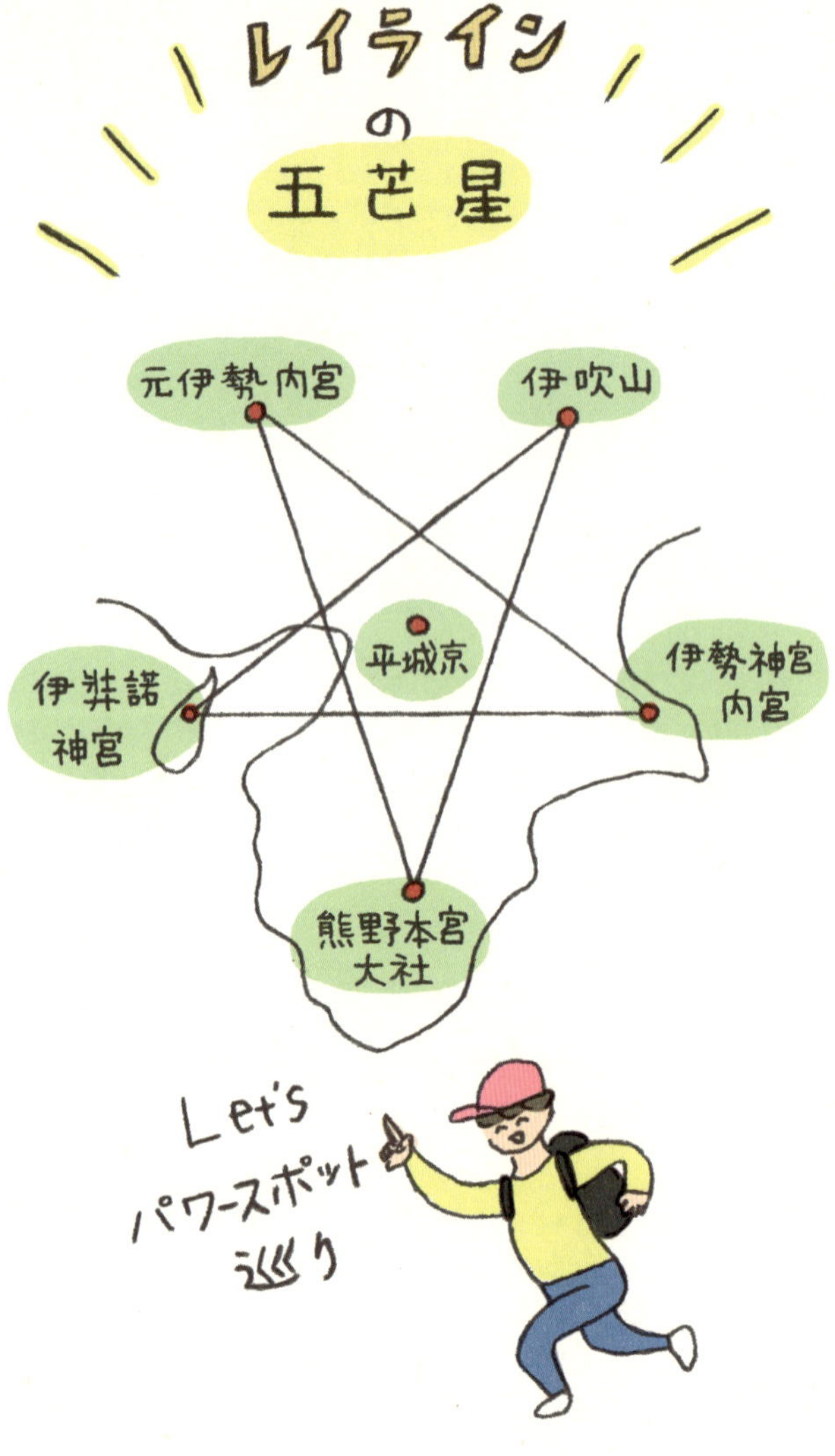

「レイライン」とは、遺跡や神殿などが一直線に並ぶ場所で、神秘的なエネルギーがあると言われています。世界的に有名なのが、イギリスのストーンヘンジやグラストンベリーなどのパワースポットが並ぶ「セント・マイケルズ・レイライン」です。

日本にもいくつかのレイラインがあります。富士山と茨城県の鹿島神宮を結ぶと、その中間地点に皇居が。日光東照宮の陽明門は、鳥居から門を見上げれば北極星の向きに。さらに、そのラインを南に伸ばしていくと皇居が。また、千葉県の玉前《たまさき》神社と出雲大社を結ぶレイラインは、700キロを超える大きなもの。このライン上には寒川神社、富士山、身延山、伊吹山、竹生島、元伊勢、大山《だいせん》という日本屈指の聖地がズラリ。しかもこのラインは、太陽の動きと密接に結びついており、春分と秋分の日にこのラインに沿って太陽が動くことから「御来光の道」として知られています。近畿地方では伊勢神宮内宮、伊吹山、伊弉諾《いざなぎ》神宮、熊野本宮大社、元伊勢内宮を直線で結ぶと巨大な五芒星（星型）が出現。その中心には、なんと平城京が！　レイラインのパワースポット巡りは、最高の開運散歩コースなのです。

6章

やってはいけない…！ 貧乏習慣

ちょっとしたズボラや
ネガティブ、無神経な習慣が
あなたの金運を下げているかも！
心当たりがあるなら、
今日からすぐにチェンジ！

1
貧乏習慣

「貧乏だ～お金がない」は〝貧乏神〟を呼ぶ言葉！

フランス人は経済的に余裕がなくても「貧乏だ」と言わず、「〝今は〟お金がない」と言います。そこには「お金がない＝貧乏」という概念はありません。貧乏には「教養がない、心が貧しい」というニュアンスも含まれていて、大事なのは、お金の有無ではなく「お金の使い方が上品か下品か」ということなのだそうです。

子どもの頃に「うちは貧乏だから」という言葉を聞かされた人は、やりたいことを言い出せず、お金に対する不安が増し、お金を使うことに消極的になるそうです。日本人はお金を貯めると言えば「貯金」を想像しがちですが、海外の資産家たちは、入ってきたお金をいかに増やすかを考え、美術品やこれから成長する企業、アイディアのある起業家の未来に投資をします。

風水でも「お金はお金が連れてくる」と言います。逆に「お金がない」というネガティブな言葉は〝貧乏神〟を呼ぶ言葉。さっさと封印してください。今の自分の経済状況に合わせて、勉強、経験、投資、人付き合い、楽しみなどにお金を使い、お金に仲間を連れて帰ってきてもらいましょう！

2

貧乏習慣

セール品しか買わない
ケチ体質では、お金が逃げる

セールの文字が躍る時期になると、ついついソワソワ。ネット通販サイトのセール期間にまとめ買い、アウトレットモールで両手いっぱいのお買い物！　そういう方も多いでしょう。セール会場は、アップテンポの音楽や人の多さ、高揚感と競争心から、つい人と張り合ったり、売り切れる前に買わなくてはいけないと焦り、値引き率に惑わされて「とりあえず買っておこう」と余計なものまで買ってしまいがちです。安くなっているからとサイズやデザインを妥協したり、よいものが欲しいと思っているのに安物を選んでしまったりして、後から後悔した…という経験はありませんか？

衝動買いしたものに、「あ〜、使いづらい！」とイライラさせられたり、すぐに壊れて買い直すことになったり、結局使わずに無用の長物になることも。お金は、気持ちよく使うのが鉄則！　買ったものは大事に長く使うことで、お金の神様に喜ばれます。

お金持ちでケチくさい人はいませんが、何でもかんでも払ってあげるという人もいません。たかられて奢るだけでは〝ただの捨て金〟。お金を大事にしているとは言えません。お金との距離感がよい人ほど、お金に愛されるのです。

3
貧乏習慣

貧乏マインドの持ち主はお金持ちを妬みがち

日本人はなぜかお金に対していいイメージを持てないようです。お金の話をするのは下品、お金は汚い、欲しいと言いづらい…。そのせいか、お金持ちに嫉妬したり、ひがんだりする人も多く、とにかく、お金に対するマインドが貧乏！　そんな様子を目にすると悲しくなります。

お金持ちといっても、家柄などの環境に恵まれている人ばかりではありません。ことん好きなことをしてお金持ちになっている人が多いのです。「やってみたい！面白い！」と思ってとことん研究して会社を創設したり、「おいしいからみんなに味わってもらいたい！」とどんどん追求してレストランの経営を始めたり。強い志と行動力で道を切り開いている人がたくさんいます。そんなことも知らず、「お金がある人は何でもできていいわね～」「庶民にはできないよね～」なんて、ヒソヒソ話して妬んだところで、何も変わりません！　それどころかネガティブオーラがドバッと出てしまっていますよ！　お金はポジティブな人のところにやってきます。どんより、グズグズとした貧乏マインドを捨てることが、お金に好かれる第一歩なのです。

4

貧乏習慣

毎日同じでいいや…マンネリは貧乏のもと

毎日会社と家の往復だけ。趣味も特技もなく、友だちもいない。休みの日はダラダラ寝て、テレビを見て…。そんな日々を送っている人はいませんか？　最近、思いっきり笑ったり、感動したりしましたか？　心と体をしっかり動かしていますか？

お金持ちは、どんなに忙しくても、少し時間ができたら映画を見たり、友だちと食事をしたり、少し遠出をしたり、お休みが取れたら旅をするという人が多いです。「3日間お休みだから海外へ行こう！」、「この日は時間があるから、ホームパーティーしない？」と、予定をテキパキと決め、やりたいことをジャンジャン実践につなげていきます。まるで、人生を冒険するように、まだ見ぬ世界を求めているように、とてもアクティブ。こんなポジティブなマインドが人とお金を呼び寄せるのです。

「特に好きなこともないし、お金もないし、今のままでいいや」と、腰が重い人は、マインドが貧乏になっています。まずは会社帰りにお笑いのライブに行ってみたり、友だちに声をかけて食事に行ってみたり、行動することから始めましょう。心が動けば一歩前進です。次のワクワクを求めてレッツゴー！

5

貧乏習慣

名刺を財布や手帳に挟んで雑に扱う人は愛されない

名刺はその人の顔。雑に扱っていると良いことはありません！　自分の名刺を手帳や財布、定期入れに挟んでいませんか？　相手に渡すときに角が折れている、スレて汚れている、なんてことはありませんか？　そんな名刺を渡したら、間違いなくルーズな印象を与えます。名刺を適当に扱う人は、人もぞんざいに扱うでしょう。必要なときは連絡してくるけれど、自分にメリットがないと思ったら連絡してこない…そんな態度では、人にもお金にも愛されません。

相手と名刺交換する際は、視線が名刺に集中します。だからこそ、名刺入れと名刺選びは慎重にしましょう。最近では特殊な形、特別な色、紙の種類にもこだわった、オンリーワンなオーダー名刺を持っている方も珍しくありません。やはり、名刺のセンスがいいと、印象に残りますよね。一度にたくさんの方と名刺交換したとき、後から見返して同じような名刺ばかりあると、どうしても完全に名前と顔が一致せずに困ることもあります。特に名刺を自由に選べる自営業、フリーランスの方は、ぜひ自分らしいセンス溢れる名刺をつくってみましょう。きっと印象に残る人になれますよ。

6
貧乏習慣

100円ショップは、金運を下げる魔のスポット

100円ショップは安くて何でもそろうため、気軽にカゴに入れてしまい、気づいたら必要ないものを買いこんでしまいがち。まさに金運的には魔のスポット！

手軽なプラスチックも要注意。風水では、お金を燃やす素材とされています。高級旅館や5つ星ホテルでプラスチック素材が多用されていないように、プラスチックは金運を引き寄せるアイテムとは言えません。「100円だから買っておこう」という安易な浪費マインドを改めれば、節約にもつながります。つい予定外のものを買ってしまう人は、なるべく足を運ばないのが賢明。家にプラスチック製品を置く場合は、目に入らない棚の中などに入れておくのがいいでしょう。

「ものはその人をつくる」と言います。使うもの、飾るものによって人は変わるということ。たとえば、お金持ちの家では子どもにプラスチック食器を使わせません。あえてガラスのコップを使わせ、「雑に扱うと割れる」という感覚を教えます。ていねいにものを扱う人になればマインドもポジティブになり、いいもの、いい人が集まり、お金もめぐり、金運もアップ！　そんな好循環が生まれると、ステキですね。

7
貧乏習慣

試食ばかりして買わない人は呪いを受けやすい！

人は呪いを受けやすい生き物です。まさかと思うようなちょっとしたことで、恨まれたり、憎らしいと思われたり…。

たとえば、無料の試食コーナーで、家族を引き連れて食べるだけ食べて、「やっぱりいらない〜」と帰って行く人っていますよね。「試食だからいいんじゃない？」と思いがちですが、販売員さんの気持ちになってみると「あんなに食べたのに買わないのか！　むかつく！」となります。洋服の試着も同じです。店員さんの手を煩わせて、お店のスペースを占領して、あれこれと試着した挙げ句「やっぱり買わな〜い」と帰って行く。店員さん的には「時間と手間を返せ！」ですよね。こんな風に思われたら、もう呪いを受けたのと同じです。悪い「気」をもらって帰ることになるので、運気も金運も下がってしまいます。

どんな場面でも、相手の気持ちになることが大切です。恋愛と同じで思わせぶりな態度を取った挙げ句、ぷいっと去って行くのはダメ。寂しい人ほどかまって欲しくて、思わせぶりな態度を取りがちなので、日頃の自分の態度を振り返ってみましょう。

8

貧乏習慣

虫歯、歯抜け…
汚い口は貧乏の始まり！

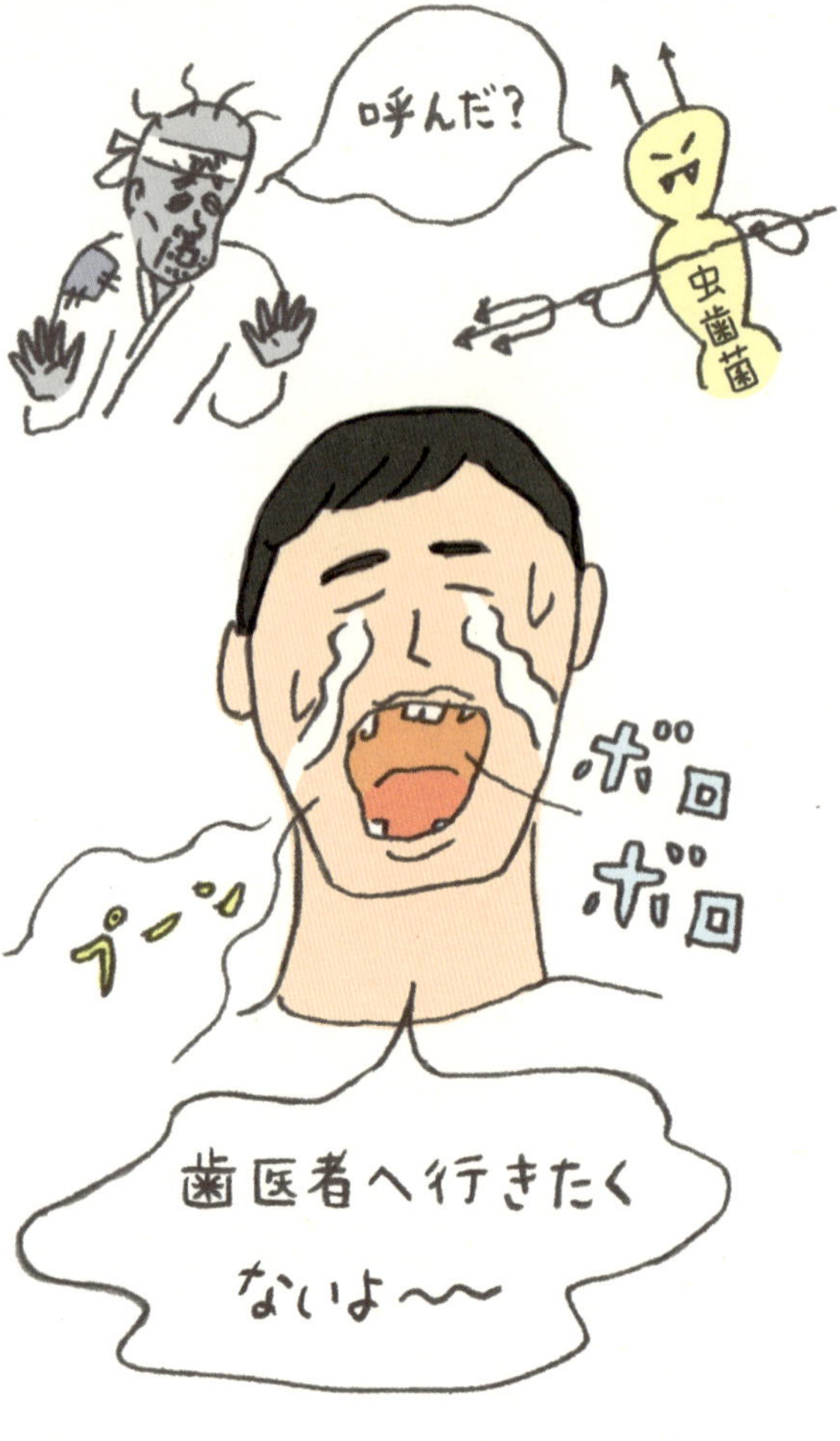

歯をキレイな状態に保つことは、風水の世界でも大事なこと。生きるために不可欠な空気や食べ物を取り入れる口は、命と運気の入り口です。歯の不調は病気や不健康につながりますし、丈夫な歯を保つには健康習慣とお金が必要。キレイな歯は財産です。海外では、歯並びで育ちを見るのが常識であるように、口腔の不健康と貧困は切り離せない関係。虫歯を放置しているのは自堕落、そして貧困への第一歩なのです。

また、歯は食事だけではなく、歯を動かし嚙み砕くことで脳に刺激を与えます。これは生きる上で欠かせない役目。歯がないと、まさに〝歯止めがきかない〟のです。

一流のアスリートは最高のパフォーマンスをするために、歯並びを整えます。ここ一番の力を出し切る際、強い力で歯を食いしばるため、普通の人より歯への負担も大きく、歯並びや嚙み合わせが悪いと、動きにも支障が出るそうです。一般人でも、歯の状態が悪いと、人前で自然に笑ったり喋ったりできなくなり、仕事内容も限られ、人付き合いも消極的に…。当然、金運にも影響します。「口は開運の玄関」。定期的に歯医者に通い、清潔に整え、運気と丈夫な歯を手に入れましょう。

9
貧乏習慣

貧乏人ほど布団が汚い！不運をつくる睡眠環境に喝！

私が知っているお金持ちは、どの家もベッドルームがキレイ。ふかふかの布団に、パリッと洗ったシーツ。いい香りがして、横たわるとふわ〜っと夢見心地になるようです。一方、貧乏な家は布団が汚い！　万年床で綿はペタンコ、外から帰ってきたままの足で踏みつけてしまっていたり、シーツをせずに布団自体が茶色っぽく変色して、じと〜っと陰気でなんだか臭い…。こんな環境で、心地よく眠れるわけがありません。こんな寝床に慣れてしまっているなら、悪い運気のドツボにはまった状態です。

睡眠は再生の時間。寝ている環境が運勢をつくります。だからこそ、布団の乱れは運気の乱れにつながるのです。お出かけのときだけキレイに着飾っても、いつも寝ている布団が汚い人は、根っこにある運気が下がっていくでしょう。

晴れた日には布団を干して邪気を祓い、シーツはこまめに洗って清潔にするのが基本中の基本！　いいホテルのベッドは、毎日シーツを取り替えてくれて、清潔で心地よいですよね。高級寝具は必要ありません。布団のお手入れは運勢のお手入れと心得てこまめにお手入れするだけで、気持ちよく眠れる環境はつくれるのです。

10
貧乏習慣

割れ、欠け、穴、焦げは運気ダダ漏れ、金運ダウン…

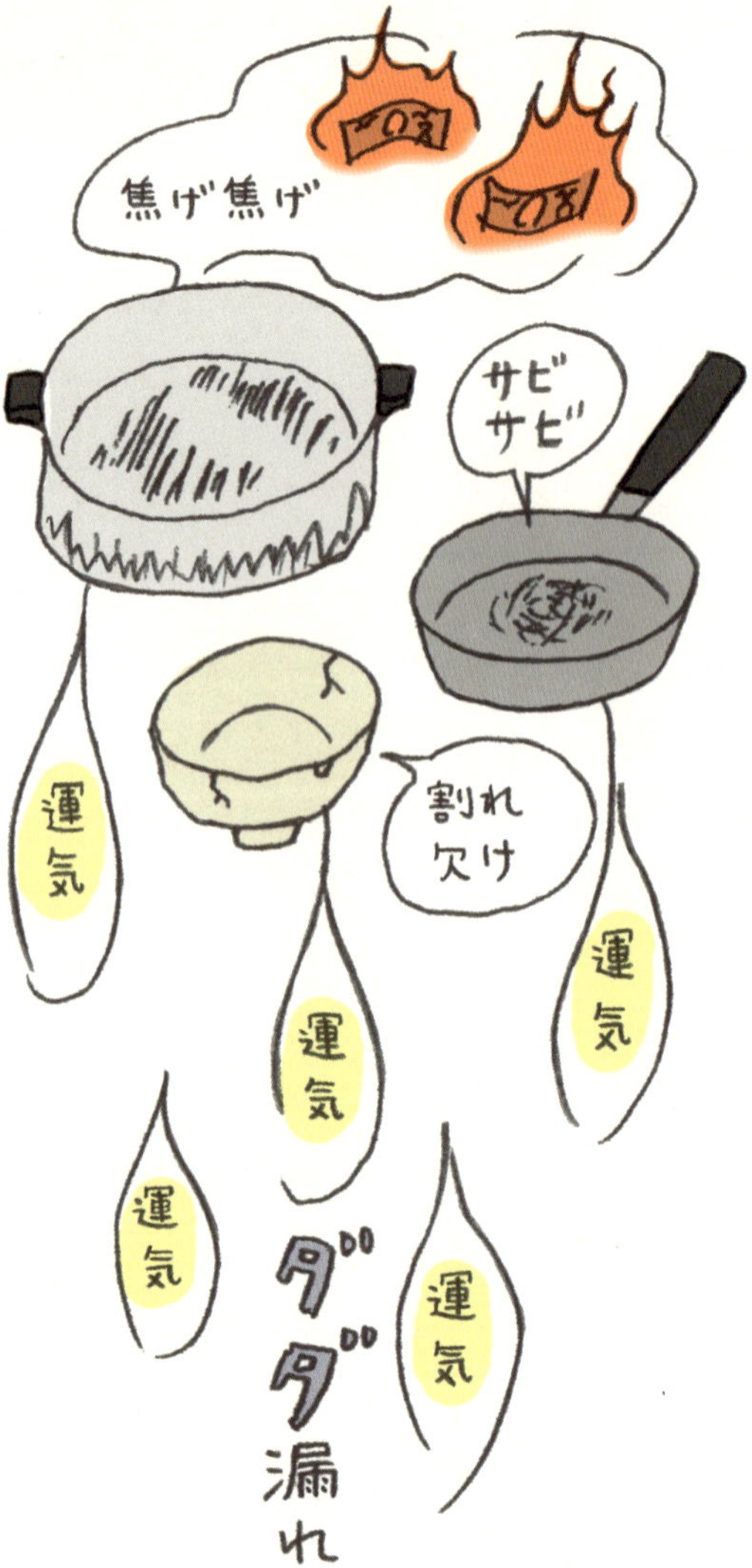

割れた器に水を入れても、水は増えずに減る一方ですよね。運気も同じで、割れや欠けがあるものを使っていると、少しずつ漏れていきます。家の中や持ち物を見渡してみてください。お茶碗が欠けている、スマホにヒビが入っている、バッグの底がほころびている、靴のかかとがすり減って穴が…どれも運気ダダ漏れのサインです。

焦げもお金まわりがうまくいかないサイン。金融機関で貸した金銭が回収不能となることを「焦げつき」と言います。風水でも焦げは「お金を燃やして炭にしてしまう」とされています。ガスコンロ、鍋底などが焦げていると、お金がどんどん減り、底がついてしまいます。もともと、台所には鍋、鉢、鉄板、釜など「金」の文字が使われるアイテムがいっぱい。まさにお金を司るアイテムの宝庫です。そんなアイテムがボロボロ、サビサビ、焦げ焦げ、ネジがゆるゆるだなんてNG！　不便なものは、金運を下げてしまいます。台所は「家族の健康運」も司っています。キッチンが汚いと、汚い運が食べ物についてしまいます。それを口にしたらどんどん貧乏体質に。お金もなくて、体の調子が悪いという人は、台所を徹底的に掃除してください！

11

貧乏習慣

ギュウギュウ詰め込み収納はいい運が入る余地なし！

ものが多くて家中ゴチャゴチャ。「だって狭いんだもん！」と開き直っていませんか？　財布と同じで、家にもいい運気が必要です。新しい経験をしたり、ステキなものを手に入れたり、いい運気を持って帰ってきても、家の中がギュウギュウ詰めでは、入る余地なし！　いい運気はバイバ〜イ！と帰っていってしまいます。

お金持ちの家は余白が多くて、ゆったり。ものはあるけどスッキリと見せていて、とても収納上手だなと思います。家に余裕があるから、いい運気もどんどん入ってこられるというわけです。

窓があるのに家具やものを置いて塞いでしまっているのも、貧乏さんの特徴。窓は運気の出入り口です。窓が大きいほどお金の出入りも大きくなると言われているように、お金持ちの家は窓が大きくて多い。でも、いくら窓があっても、塞いでしまったら意味がありません。いい運気やお金が入ってこようとしていても、入ってこられませんよね。汚れた窓ガラスも運気ダウンのもと。いい運気がやってきても、汚い窓から逃げて行ってしまうので、こまめに掃除をしましょう。

12

貧乏習慣

不便は不運！余裕を失い、出会いも減る

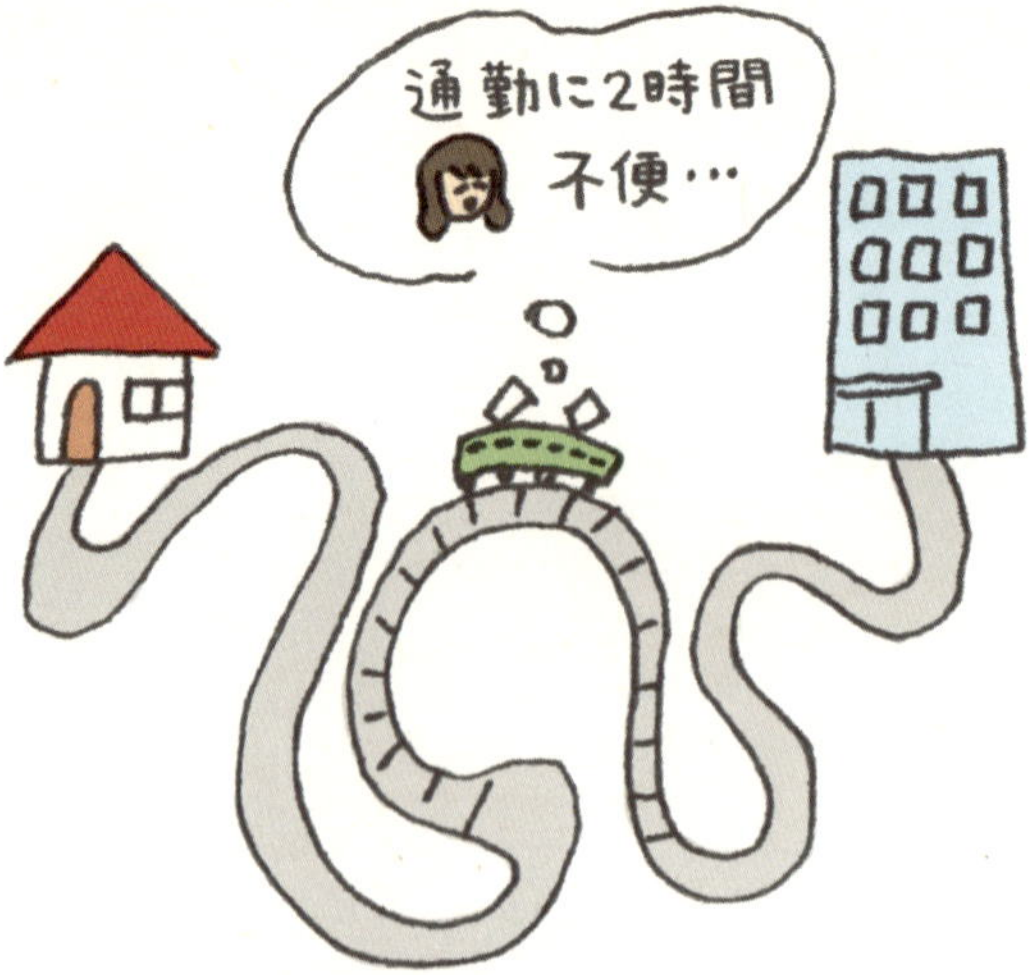
通勤に2時間
不便…

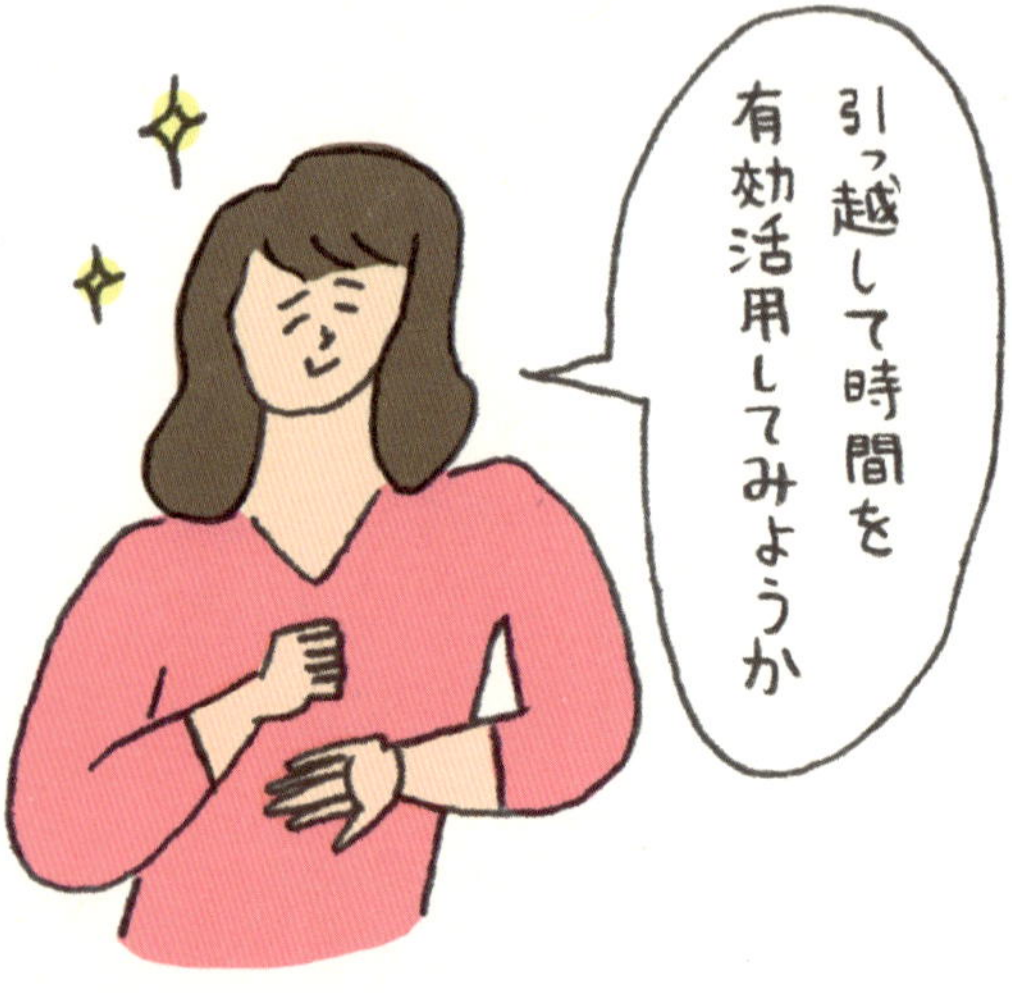
引っ越して時間を有効活用してみようか

私は、高校時代、往復4時間もかけて学校に通っていました。朝は新聞配達員並みの時間に出発、帰りは店も人通りも少ない夜の田舎道をひたすら帰るの繰り返し。バイトも寄り道もできない、私の高校3年間はエンジョイ度がとても低かったのです…。おまけに病気がちで、喘息、アトピー性皮膚炎にも悩まされており、九死に一生を得る経験をし、人生を見直すきっかけになりました。

モヤモヤとくすぶっていても何も始まらない！人生を変えなきゃ！と思い、旅に出ました。導かれるようにイタリアに行くと、セレブな方と知り合いになり、その方の紹介で有名アスリートや世界的なブランドのデザイナー、市長、弁護士、音楽家など、想像を超えるステキな出会いがありました。一気に別世界を経験し、自分をとりまく環境が、運・チャンスをつくるということを目の当たりにしたのです。

行動が変わると出会いも変わる！そして世界も変わります。もし、今の職場への通勤が不便なら、引っ越しや転職を検討してみてはいかがでしょう。自分の手で、便利で余裕を持てる環境をつくることも大切なのです。

13
貧乏習慣

鉄仮面、般若顔は不幸を呼び寄せる…

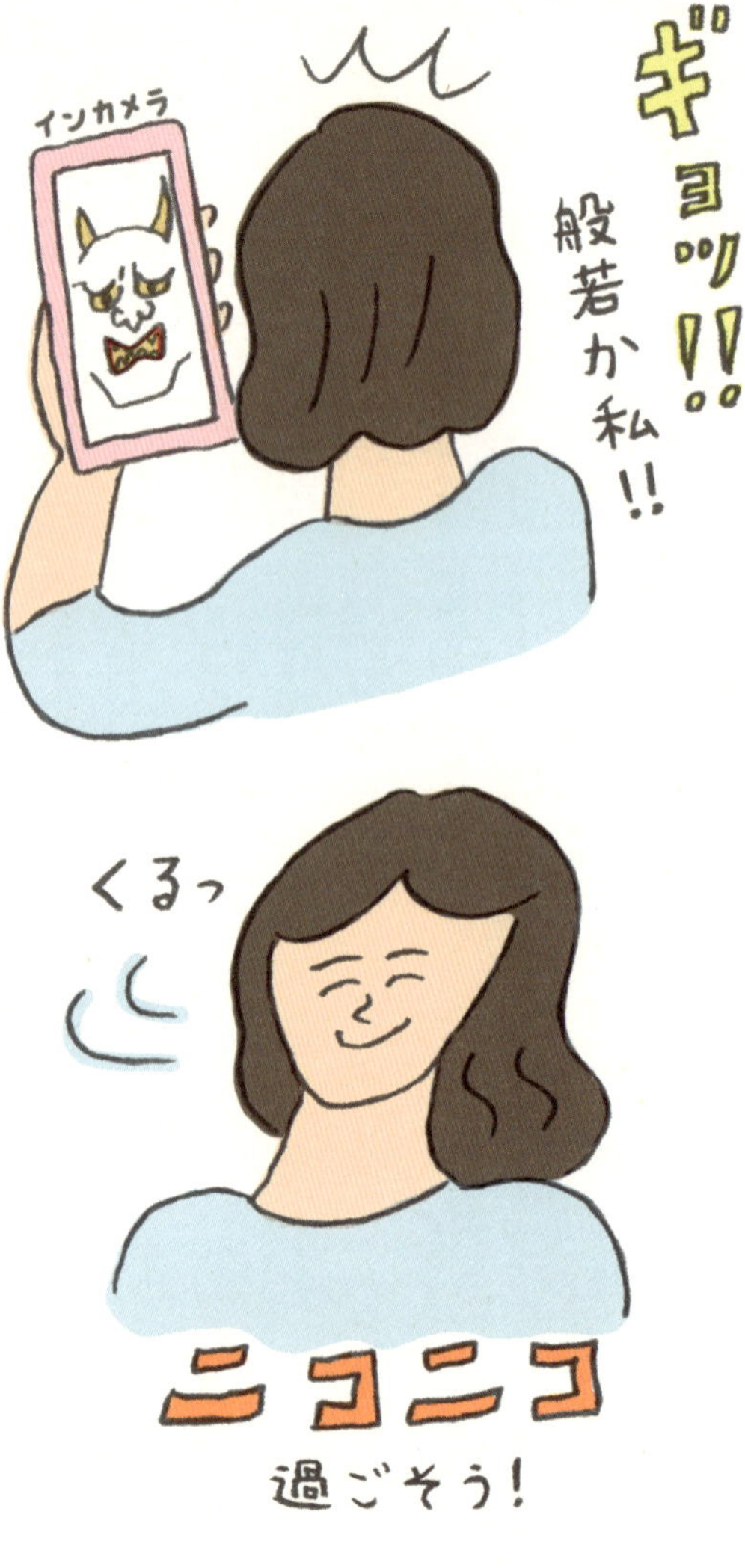

インカメラ
ギョッ!!
般若か私!!
くるっ
ニコニコ
過ごそう!

スマホのカメラやパソコンを使っていて、ふとした操作ミスでインカメラになり、画面に自分の顔が映し出されてギョッとしたこと、ありませんか?「げっ!般若か?」みたいな怖〜い顔!(笑)。自分の顔は、なかなか好きとは思えないかもしれません。でも、顔自体は簡単に変えられなくても、表情なら簡単に変えられます。鉄仮面のように表情が動かない人がいますが、楽しんでいても楽しそうに見えないですよね。「あの人暗い、こっちも楽しめない」そう思われてしまいます。それはとても損なこと!

年を取ってシワができてくると、顔の印象が変わってきます。笑いジワならハッピーな印象を与えて人が集まってきます。でも、眉間に刻まれた不幸ジワは暗い印象。人に避けられ、話に加われなくなってしまうかも。かまって欲しいけど話題もない。すると文句が増えてクレーマー体質になり、さらに人が遠ざかり、孤独になる…こんな悪循環に陥ってしまいます。シワは折りグセのようなもの。好奇心を失わず、アクティブに行動し、楽しんでニコニコ過ごしましょう。そうすれば年を取っても笑いジワが刻まれて、かわいいお年寄りになっているでしょう。「福顔は福を呼ぶ」のです。

14
貧乏習慣

時間にルーズな人は大事にされない

いつも時間に遅れてくる人、約束していたのに「ごめ～ん忘れてた！　今から行くから1時間後ね」ということがよくある人は、人に対するリスペクトが足りていない証！　相手の大切な時間を無駄にさせるなんて、もってのほかです。こんなことを繰り返していては、「二度と約束するか！」と思われても仕方がありません。

成功者に、時間にルーズな人はいません。それどころか、約束をして会いに行ったら「これ、食べてみたいって話してたでしょ。用意しといたわよ！」と、以前話した内容を覚えてくれていて、もてなしてくれるということも珍しくありません。約束の時間を守らず、相手をイライラさせる人とは雲泥の差です。居心地のよい時間を一緒に過ごせば、また会いたいと思ってもらえます。付き合いが深まれば、さらにステキな人を紹介してもらえたり、新しい世界に導いてもらえることもあるでしょう。よい「気」がめぐって金運もアップ！

時間にルーズな人は、相手のことを考えるという大事なことが抜け落ちています。これは人付き合いの基本です。

Profile

プロフィール

イヴルルド遙華

(いゔるるどはるか)

フォーチュンアドバイザー

前向きなアドバイスが口コミで広がり、モデルやヘアメイク、エディターなどの業界で絶大な支持を得る、いま話題のフォーチュンアドバイザー。西洋占星術、タロットをはじめ、人生の流れを24の節目で区切る「フォーチュンサイクル」など、幅広い占いを独学で研究する。ELLE ONLINE(ハースト婦人画報社)やVoCE(講談社)など様々なメディアに占いコンテンツを提供し、最近ではテレビ出演にて、元気になれるアドバイスが大好評。土曜日の朝のTBS『まるっと!サタデー』の占いも担当中。著書に『運命のフォーチュンAmulet』(小学館)『イヴルルド遙華の令和運勢占い』(ゴマブックス)など。東京・代官山に鑑定ルームを持つ。

公式ブログ▶http://ameblo.jp/eve-lourdes-haruka/
Facebook▶https://www.facebook.com/lourdes.eve
公式ホームページ▶http://www.ineori.com

Goods

おすすめ開運グッズ!

幸運のラッキーチャーム

イタリアの職人さんが、「みんなを笑顔にしたい」と、願いを込めてつくったチャームです。日本でも「お土産にもらってよいことがあった！」と、クチコミが広がりました！　まさに幸せのバトンのように、「幸せになって欲しい」という想いがプレゼントした人、プレゼントされた人に幸運をもたらしたのです。

ラッキーチャーム

Produced by イヴルルド遙華

馬蹄は古来、幸運をもたらす魔除け、厄除けなどの意味が込められ、世界中で愛されるお守りです。その馬蹄のデザインに、金運のシンボルである月や神の使いである天使など、それぞれが持つ意味が込められたチャームがセットになっています。恋愛運、仕事運、健康運など、ひとりひとりの願いに合わせて500種類以上の中から自分に、そして大切な人にピッタリのラッキーチャームを探してください。

詳細・お問い合わせはこちら

「アンジュ」公式オンラインショップ

https://ange.shop-pro.jp/

株式会社アンジュ　〒150-0034 東京都渋谷区代官山町 7-5

電話＆FAX：03-6416-3941　メール▶happy@ange7.jp

Staff
デザイン◆佐久間勉・佐久間麻理（3Bears）
イラスト◆松元まり子
編集協力◆藤岡操
校正◆玄冬書林

お金《かね》持《も》ちがやっている！ 超《ちょう》！金運習慣《きんうんしゅうかん》

2019年12月20日 第1刷発行

著　者　イヴルルド遙華《はるか》
発行者　吉田芳史
印刷所　株式会社文化カラー印刷
製本所　大口製本印刷株式会社
発行所　株式会社日本文芸社
〒135-0001　東京都江東区毛利2-10-18 OCMビル
TEL 03-5638-1660（代表）

Printed in Japan　　112191212-112191212Ⓝ01（310049）
ISBN978-4-537-21758-2
URL https://www.nihonbungeisha.co.jp/

編集担当：河合

内容に関するお問い合わせは、小社ウェブサイトお問い合わせフォームまでお願いいたします。
https://www.nihonbungeisha.co.jp/